G. SOREL

La ruïne du monde antique

Conception matérialiste de l'histoire

PARIS

LIBRAIRIE G. JACQUES & Cⁱᵉ

1, RUE CASIMIR-DELAVIGNE, 1

La ruine du monde antique

Il a été tiré de cet ouvrage sept exemplaires
sur papier de Hollande Van Gelder

BIBLIOTHÈQUE D'ÉTUDES SOCIALISTES

X

G. SOREL

La ruine du monde antique

Conception matérialiste de l'histoire

PARIS

LIBRAIRIE G. JACQUES & Cie

1, RUE CASIMIR-DELAVIGNE, 1

AVERTISSEMENT AU LECTEUR

Lorsque à la fin de l'année 1894 je publiai dans l'Ere nouvelle (1) *trois articles sur la* Fin du paganisme, *je ne me proposais pas de faire de la polémique antireligieuse en la plaçant sous la protection des théories de Marx ; une doctrine qui est, comme le marxisme, tout entière fondée sur l'interprétation du développement économique, ne saurait, sans faillir, introduire dans l'austère étude de l'histoire des procédés voltairiens.*

A cette époque je n'aurais pas osé tenter une explication marxiste de la pensée chrétienne ; presque tout le monde regardait l'entreprise comme impossible ; aujourd'hui je crois que l'application de nos principes jette sur le processus de la conquête du monde païen une lumière éclatante et imprévue ; mais je n'aborde pas ce travail aujourd'hui.

(1) Cette « revue de socialisme scientifique », fondée par Diamandy en juillet 1893, a disparu en novembre 1894. Les principaux collaborateurs publièrent le *Devenir social* (Giard et Brière éditeurs) d'août 1895 à décembre 1898.

1

Le but que je poursuivais en 1894 était des plus modestes ; je prenais dans le livre publié par M. Boissier sur le même sujet (1), ce qui me semblait acquis à la science et je me demandais si, en réfléchissant sur les crises du passé, il n'était pas possible de faire quelques réflexions utiles pour le présent.

Des camarades ont pensé qu'il ne serait pas mauvais de rééditer ces articles ; je les donne à peu près tels qu'ils ont été publiés ; les passages remaniés ont été soigneusement indiqués, les notes nouvelles sont séparées des anciennes ; les lecteurs comprendront très facilement pourquoi j'ai adopté ce parti ; il y a des choses qu'il est bon d'avoir écrites il y a sept ans.

Je n'ai pas cru avoir le droit de corriger les nombreux passages où j'affirmais, d'une manière tranchante, la transformation scientifique de la société par le socialisme. C'est sur cette question que je me sépare aujourd'hui de ceux que l'on considère en Allemagne comme les représentants de l'orthodoxie marxiste. J'estime que le désir de tout ramener à des points de vue scientifiques conduit, presque nécessairement, à l'utopie ou au socialisme d'Etat. Je crois être, aujourd'hui, beaucoup plus près du véritable esprit du matérialisme historique que je ne l'étais en 1894.

(1) G. Boissier. *La fin du paganisme. Etude sur les dernières luttes religieuses en Occident au IVᵉ siècle* ; 2 vol. in-16, Hachette éditeur. Toutes les citations se rapportent à la deuxième édition ; quand il n'y a pas d'indications d'auteur dans une référence, c'est qu'elle est faite au livre de M. Boissier. — Pour éviter toute confusion avec le livre de M. Boissier, le titre des articles de 1894 a été changé dans cette réédition.

On m'a fait observer que ces articles étaient composés sans le moindre souci d'un ordre didactique quelconque et que le style en est fort négligé ; mais pour les corriger, il aurait fallu les remanier complètement, et je jugeais ce remaniement inadmissible. En réfléchissant à cette question, je me suis persuadé que la valeur éducative de ces études — et elles n'ont pas d'autre valeur — serait plus forte si je leur conservais leur forme primitive : j'engage avec mon lecteur une conversation familière ; je lui soumets des idées et je le force à penser à son tour, pour me corriger et pour me compléter.

Si je ne cesse d'exprimer très énergiquement mes opinions personnelles, je crois avoir acquis le droit de le faire en ne dissimulant jamais le moindre élément de vérité et en mettant toujours le lecteur à même de juger autrement que moi.

Je ne pense pas qu'il existe aucune étude faite sur les origines chrétiennes avec plus de probité scientifique ; je me suis presque toujours référé à des auteurs franchement catholiques de peur d'être entraîné à quelques déformations défavorables aux théories de l'Eglise.

Paris, juin 1901.

INTRODUCTION

Les diverses conceptions du socialisme. — Importance des études relatives au rôle des idéologues. — Les enseignements de
l'histoire contemporaine.

Que le socialisme ait pour but l'émancipation des
travailleurs, c'est-à-dire la disparition des rapports de
maîtres à serviteurs dans une société productrice, c'est
ce qu'on répète tous les jours ; mais la notion n'est
pas épuisée par cette formule. Il faut, tout au moins,
ajouter que cette émancipation sera l'œuvre des travailleurs seuls, agissant avec leurs propres forces, se
gouvernant eux-mêmes ; et qu'ainsi cette disparition
des *maîtres* devra faire évanouir les classes qui vivent
en dehors de l'atelier et que Hégel réunissait sous le
nom d'*état pensant*. L'Eglise et l'Etat traditionnel font
partie de ce groupe contre l'existence duquel le prolétariat engage la bataille. Les ouvriers acquérant la
faculté scientifique, en même temps que la capacité
politique, n'ont plus besoin de hiérarchies ; et celles-ci,
ayant fini leur temps, accompli leur mission historique, doivent être brisées et exterminées le jour où elles
deviennent des chaînes gênant le progrès économique.
Raisonner sur le mouvement socialiste au point de

vue de la simple observation des faits, c'est chercher
— comme je le disais en 1896 dans la préface à la traduction française des *Essais sur le matérialisme historique* de Labriola — si le prolétariat uni, organisé,
devenu assez fort pour entrer en lutte avec les autres
classes, est aussi « en état de renverser, avec l'organisation capitaliste, tout le système de l'idéologie traditionnelle ».

Tout le monde n'entend pas le socialisme de cette
manière. En opposition avec la conception marxiste,
se sont formées d'autres doctrines dont le succès commençait à être considérable il y a déjà sept ans ; c'était
pour lutter contre ces tendances que Diamandy avait
voulu fonder une revue purement marxiste et que plus
tard fut créé le *Devenir social;* ces deux publications
furent des organes de combat.

Les élections de 1893 venaient de révéler, aux hommes politiques des anciens partis classiques, l'existence
d'un parti nouveau qui semblait capable d'exercer une
influence sérieuse sur le Parlement. Peu de gens sa-
vaient au juste ce qu'était le socialisme, et il semble
que peu nombreux furent ceux qui cherchèrent à s'instruire de sa doctrine ; mais la curiosité était fortement
éveillée et beaucoup de lettrés soupçonnèrent qu'ils
étaient en présence d'une *terra incognita* sur laquelle
leur génie pourrait faire de belles découvertes.

Malon, depuis longtemps malade, disparaissait au
mois de septembre 1893 ; les marxistes français semblaient avoir abandonné toute idée de propagande
théorique depuis 1883 ; ce qu'ils avaient fait connaître
des thèses du maître était bien sommaire. Le moment
était très favorable pour essayer de *renouveler* le so-

cialisme et on pouvait espérer trouver dans ce travail des sujets de thèses offrant plus d'intérêt que ceux que l'on choisit d'ordinaire pour le doctorat.

Les lettrés estimaient que les socialistes étaient étrangers aux progrès de la science; ils pensaient qu'il leur serait facile de jeter de vives lumières sur des questions restées encore très obscures. Ne serait-il pas possible de constituer, grâce à l'emploi des méthodes universitaires, un socialisme nouveau, à la fois idéaliste et scientifique, que les gens instruits seraient bien forcés d'accepter? Et alors les idées étant orientées d'une manière définitive dans les classes pensantes, des réformes profondes de la société — ou des révolutions même — ne tarderaient pas à se produire.

*
* *

Ce que voulaient faire nos lettrés ressemblait un peu à ce qu'avaient fait les Pères de l'Eglise de langue grecque ; et pour juger la valeur de leur entreprise, il eût été bon d'être bien fixé sur cette œuvre de la théologie primitive. Les docteurs chrétiens avaient trouvé un ensemble de formules religieuses qu'ils jugèrent singulièrement pauvres en idées et mal coordonnées ; il les annexèrent à la philosophie qui leur était familière : ils forcèrent les données de la foi chrétienne à subir le dur contrôle de la logique péripatéticienne ; ils firent sortir d'un fouillis de notions, jusque-là presque insaisissables — comme sont les notions des religions sémitiques —, des définitions ayant la précision de formules mathématiques ; enfin ils construisirent un système dans lequel la métaphysique grecque devint inséparable du dogme chrétien, qui serait inintelligible sans cette métaphysique : cette extraordinaire synthèse, la plus extraordinaire entreprise que l'esprit humain ait jamais conduite, fut la théologie (1).

Le monde occidental reçut cette théologie et fut tout abreuvé de dogmatique chrétienne jusqu'aux débuts de l'ère capitaliste. Ses institutions se trouvèrent si fortement liées à la vie de l'Eglise qu'il en arriva à croire que tout son développement reposait sur la théologie créée par les Grecs, sur cette construction si artificielle et si étrangère à ses propres besoins (2). L'Eglise enseigna que l'essence du christianisme est la théologie; elle ne voulut voir dans son histoire qu'une description d'un processus de la dogmatique ; elle persécuta ceux qui ne voulurent pas admettre les *théorèmes* de ses professeurs. Chose plus étrange encore et qui frappe de stupeur les écrivains modernes : elle n'eut, le plus

---

(1) Il n'y a plus, je crois, que les positivistes pour croire, sur la foi d'A. Comte, que la métaphysique se produisit après la théologie.

L'union a été si forte que, de nos jours encore, des philosophes ont cru qu'ils devaient donner une interprétation métaphysique de certaines parties de la théologie chrétienne. Ils prenaient pour une union fondée sur la nature de l'esprit le résultat de la rencontre la plus fortuite qu'on puisse imaginer.

(2) Presque tous les historiens ont mis en évidence l'énorme différence qui existe entre l'esprit des théologiens grecs et celui des docteurs latins (Cf. p. ex. Taine, *Le régime moderne*, t. II, pp. 119-124, et Thamin. *Saint Ambroise et la morale chrétienne*, p. 370).

souvent, que rigueurs pour les grands mystiques, qui n'attachaient qu'une médiocre importance à cette espèce d'algèbre théologique et qui, retrouvant les vraies sources de la vie religieuse, assuraient sa prospérité à travers les siècles! Jamais pareils préjugés idéologiques n'ont davantage dissimulé la réalité des phénomènes historiques!

La rencontre fortuite des courants sémitique et grec, fusionnant dans la théologie, avait eu une grande influence aux premiers siècles de l'ère chrétienne parce que tout le monde croyait alors que la première vertu est la science et que l'on croyait pouvoir fonder la morale sur la science. Les Occidentaux étaient habitués à entendre dire que le droit est basé sur la raison et qu'il y a une science juridique ; ils acceptèrent de confiance des théories métaphysiques qu'ils ne comprirent peut-être jamais bien complètement.

Le grand mouvement capitaliste moderne nous a rendus beaucoup plus défiants que nos pères pour toutes les choses abstraites; nous avons aujourd'hui l'idée que si les abstractions sont une nécessité pour l'esprit, elles sont aussi une des grandes causes de nos erreurs et que *les aspects abstraits d'une notion en sont aussi les aspects faux*. Pendant une bonne partie du xixᵉ siècle, on a cru à la vertu souveraine de la science, c'est-à-dire d'une connaissance par principes, dégagée de la vie pratique ; il était donc naturel qu'à cette époque il y eût des réformateurs sociaux essayant de faire quelque chose d'analogue à ce que firent les théologiens grecs. Aujourd'hui l'industrie est si puissante et si progressive que la connaissance scientifique nous semble mince et insuffisante, alors qu'autrefois elle pa-

raissait gigantesque et inépuisable en applications. Il y
a eu un vrai renversement, une culbute, mettant en
haut les notions qui étaient en bas ; la superstition des
idées n'est plus qu'une survivance ; mais cette survivance
devait, tout naturellement, se maintenir dans les écoles,
c'est-à-dire au milieu des professionnels de l'idéologie (1).

Si vraiment les Pères de l'Eglise ont créé le christianisme et si ce sont leurs élèves qui ont conquis le
monde païen, en se servant des armes dialectiques
forgées par les maîtres du savoir théologique, pourquoi les savants modernes, se mettant aujourd'hui à
élaborer les notions socialistes, n'aboutiraient-ils pas à
diriger un mouvement de rénovation, capable de conquérir le monde capitaliste ? Ce serait une seconde et
éclatante victoire des Idées.

Sans doute cela avait été déjà essayé vers 1830 ;
mais à cette époque les méthodes dont on disposait,
n'étaient pas assez scientifiques ; — c'est ainsi du
moins que l'on s'expliquait l'échec piteux des saints-
simoniens, dans les milieux d'idéologues. Personne ne
songeait à se demander si cet échec ne provenait pas,

(1) « Laissons les bavards qui prêchent je ne dirai pas
sur les places publiques où on ne les croirait pas, mais
dans les chaires universitaires ou dans les salles de congrès
et de conférences, laissons-les proclamer que la science
(c'est-à-dire leur science) est la reine de la vie ». (B. Croce,
Matérialisme historique et économie marxiste, p. 163.)
Il s'agit des positivistes qui commencent à envahir le socialisme, qui prétendent concilier Marx et A. Comte et écra-
sent leurs adversaires sous des amoncellements de grands
mots inintelligibles.

quelque peu, du prodigieux mouvement capitaliste, qui avait, sous la pression seule de la recherche du profit, réalisé plus de merveilles matérielles que le monde n'en avait jamais rêvé. Pendant que les inventeurs imprimaient des thèses sur ce que le *monde pourrait être*, la bourgeoisie prouvait, comme dit Marx, ce que peut l'activité humaine et créait plus de forces productives que toutes les générations passées prises ensemble (1).

Mais notre société moderne est constituée de telle sorte qu'elle produit des *professionnels de la pensée* sans emploi ; et ces professionnels ne cesseront de fabriquer des projets de réformes, qu'ils s'offrent à appliquer.

Les Idées sont comme les marchandises ; leurs propriétaires les produisent sans avoir de commandes et ils font ensuite des efforts désespérés pour les placer avec le plus de profit possible. L'idéologie ne saurait mourir, tant qu'il y aura des cadres pour loger un *état pensant*.

*
* *

Suivant les nouveaux socialistes, les marxistes s'étaient complètement trompés dans leur interprétation des tendances historiques modernes : ils avaient cru, en effet, que le passage se ferait par une *voie économique*, que le socialisme hériterait des créations du capitalisme, qu'il recueillerait l'héritage au moment où le *de cujus* deviendrait incapable de diriger et d'agran-

----

(1) Marx en 1847 célébrait, en termes magnifiques, cette œuvre (*Manifeste communiste*, trad. Andler, p. 24, p. 28). Et on n'était alors qu'à l'aurore de l'ère des chemins de fer !

dir le système colossal des forces productives, de s'imposer plus longtemps aux grandes organisations de travailleurs et de se servir des outillages qui ont complètement perdu leurs anciens caractères juridiques de propriété particulière.

Ils avaient enseigné que l'acteur du drame serait le prolétariat créé par la grande industrie, devenant plus uni, plus capable, plus savant, sous la pression même du conflit engagé entre lui et les capitalistes. Enfin ils avaient dit que le succès n'était pas douteux dans la lutte pour la conquête du nouveau droit (lutte qui est, nécessairement, une lutte politique), parce que le prolétariat devient, tous les jours, plus nombreux et plus compact, tandis que ses adversaires sont divisés, tous les jours davantage, par la concurrence.

Suivant les nouveaux socialistes — qui se donnaient le nom d'*idéalistes*, tandis que les marxistes s'attribuaient le nom de *matérialistes* — les choses devaient se produire tout autrement. Le passage se ferait par une *voie idéologique* ; la science élaborerait la *véritable économie* ; la philosophie déterminerait les *vrais droits de l'humanité* ; l'enseignement secondaire préparerait des fonctionnaires capables d'appliquer les résultats acquis dans la science et la philosophie ; une vigoureuse propagande populaire rendrait ces idées familières aux masses, évoquerait en elles de fortes aspirations vers un Idéal conforme aux combinaisons trouvées par les *penseurs professionnels* et les amènerait à *donner leur confiance aux sages amis du peuple.*

Que faudra-t-il maintenant pour aboutir ? Un coup de force quelconque, quelque chose comme la victoire de Constantin, au pont Milvius, qui créa la domination chrétienne. En 313 les chrétiens étaient en minorité ; mais ils avaient déjà un épiscopat fortement organisé et une dogmatique arrêtée dans ses lignes essentielles ; le succès pouvait tarder longtemps encore ; peut-être même l'Eglise était-elle destinée à n'être qu'une corporation au milieu d'autres corporations. Mais voilà qu'un prince ambitieux et hardi, engagé dans une guerre périlleuse, a l'idée de se recommander au nouveau dieu et qu'il remporte la victoire. De cet ensemble de hasards sort une révolution. C'est la *Force toute nue et imprévue* qui assure le triomphe de l'Idée.

Et pourquoi ne pas poursuivre une *révolution de force* analogue à celle de 313 ? Pourquoi s'embarrasser dans le dédale de cette longue et compliquée voie économique, décrite par Marx ? Le pouvoir peut tomber, quelque jour, soit à la suite d'une émeute, soit par les hasards d'un vote aveugle, entre les mains d'un groupe hardi, qui — étant parfaitement préparé à sa mission gouvernementale, commandant une armée socialiste habituée à obéir et n'ayant devant lui qu'une bourgeoisie passive — pourrait en très peu de temps faire disparaître tout vestige du vieux droit individualiste.

Hasard et dictature des idéologues : voilà tout le socialisme nouveau.

*
* *

Des études sur l'histoire de l'Eglise ne sont donc pas, pour les socialistes, de simples recherches spéculatives ; elles fournissent l'occasion de discuter les théories des idéologues ; c'est dans ce but que j'ai, en 1894, examiné de près le livre de M. Boissier. J'exposais mes idées avec une certaine timidité, parce que je ne me croyais pas, à cette époque, assez sûr de certaines parties de la doctrine marxiste.J'arrivai à me convaincre que les idéologues faisaient fausse route — ou plutôt qu'ils entraînaient le socialisme dans une mauvaise voie et qu'un jour ou l'autre il y aurait rupture. D'un côté il y avait une tendance à nous ramener vers le socialisme de 1847 qu'Engels appelle (1) un mouvement bourgeois et un passe-temps de salon ; de l'autre il y avait une tendance à développer les principes de Marx, dans un sens de plus en plus pratique et prolétarien. Les uns, qui se posaient en *métaphysiciens de l'humanitarisme intégral*, voulaient fonder le socialisme sur des doctrines inaccessibles aux masses —et par suite devenant la propriété d'une *classe pensante* ; — les autres disaient que les thèses socialistes ne se justifient point par les lois de l'esprit, ni même par l'étude scientifique des phénomènes, ou encore par leur parfaite adaptation aux besoins sociaux, mais qu'elles sont simplement l'expression d'un certain mouvement ouvrier, dont elles figurent, en quelque sorte, le côté intérieur.

L'affaire Dreyfus a mis en pleine lumière la prépondérance acquise par les humanitaristes.

Le soir de la Katzbach, Blücher dit à son chef d'état-major Gneisenau : « Il ne suffit pas d'avoir gagné la bataille, il faut aussi expliquer pourquoi

---

(1) Préface du 1ᵉʳ mai 1890 à une réédition du *Manifeste communiste, loc. cit.,* p. 16.

nous l'avons gagnée. » Mais ce besoin d'explication est encore plus fort après une défaite qu'après un succès : on sait quelle littérature a provoquée la campagne de Waterloo ! L'affaire Dreyfus s'étant close par un écrasement des révisionnistes, écrasement qui dépassait tout ce qu'on aurait pu imaginer, beaucoup de personnes se demandèrent pourquoi les ouvriers révolutionnaires avaient marché de concert avec les bourgeois. La consultation internationale (1), provoquée par Jaurès, nous montre que les idées socialistes sont loin d'avoir gagné en clarté depuis 1894: les raisons données par les écrivains étrangers auraient pu, presque toutes, être données par des bourgeois sincèrement républicains. « La démocratie socialiste, dit l'un, est le parti de toutes les victimes de l'infortune et de l'oppression, car elle lutte pour la liberté et la justice en faveur de tous ceux qui portent une face humaine. » — « Je suis homme, dit un autre, et rien de ce qui est humain, ne m'est étranger. »

Si on soumettait ces réponses à une analyse critique et si l'on cherchait à dégager les principes qui y sont inclus, on arriverait à conclure que le socialisme est, tout simplement, un des aspects les plus intéressants, du grand mouvement solidariste et humanitaire, qui se rattache à la philosophie du xviiie siècle et à la Déclaration des Droits de l'homme. Le socialisme ne serait donc qu'une forme de la démocratie classique : l'importance de cette forme dériverait seulement de ce qu'il faut *réparer les désastres produits par la grande*

(1) Elle a été publiée dans les *Cahiers de la quinzaine* de Péguy (1re série, n° 5, 6, 8 et 11).

industrie. Sur ce point tous les hommes de bonne volonté pourraient se rencontrer dans leur commun amour de l'humanité. Pourquoi les catholiques ne collaboreraient-ils pas avec les socialistes et avec tous les *gens de bien*, en vue d'une amélioration de la classe la plus nombreuse et la plus pauvre ? Cette *réparation* n'est-elle pas au fond autre chose que la charité chrétienne appliquée à des questions contemporaines ? Bien loin de se montrer exclusifs, les socialistes pourraient, au besoin, se mettre tantôt sous l'égide des principes de 1789, tantôt à la remorque du pape (1).

Quelques-uns craignent un peu ces formules conciliantes et nous disent que le mouvement socialiste commence par être ouvrier, pour s'élever ensuite aux régions supérieures de l'humanitarisme. On voit des socialistes s'enthousiasmer pour les *opprimés* de tous pays et recommencer ainsi la romanesque politique de l'ancienne démocratie. La Pologne, l'Irlande, le Transwaal, la Chine, sollicitent leur attention (2) ; au risque

---

(1) Je ne fais pas ici d'hypothèses ; que le lecteur se réfère au compte-rendu du congrès tenu à Paris pour la protection légale des travailleurs (*Circulaire du Musée social*, août 1900) il verra que j'ai présenté la question telle que la comprennent MM. Cauwès, Jay et Millerand. Ce congrès a voté la formation d'un comité et le *gouvernement* pontifical a été prié de vouloir bien y envoyer un délégué. Si encore ce *gouvernement* consentait à surveiller les ouvroirs catholiques !

(2) Dans le numéro du 1er novembre 1900 le *Mouvement socialiste* a publié une lettre d'Engels du 22 février 1882, où on lit : « En tant que nous avons commencé par le libéralisme ou le radicalisme, nous avons gardé cette sympa-

de passer pour un ignoble matérialiste, j'avoue très
humblement que le sort des nations persécutées m'intéresse beaucoup moins que le tarif de l'octroi de Paris.

La consultation internationale montre que l'humanité préoccupe beaucoup plus les socialistes que le
mouvement ouvrier : le marxisme est évidemment en
baisse ; mais il ne faudrait pas que le socialisme tom-
bât en déliquescence sous l'influence des idéologues !

*
* *

L'affaire Dreyfus a révélé, à ceux qui l'ignoraient,
que les idéologues — même quand ils se proclament
socialistes — se séparent du pays pour former une
classe et poursuivre leurs intérêts particuliers quand
ils le peuvent. Dès que le ministère Waldeck-Rousseau
fut constitué, on vit les champions les plus ardents du
Droit commencer à faiblir et quand le ministère trouva
qu'il avait avantage à faire cesser la campagne pour le
Droit, elle cessa à peu près complètement. Le gouvernement ordonna d'oublier le passé et les idéologues
oublièrent jusqu'aux plus vaillants de leurs camarades
qui avaient lutté dès la première heure et qui n'avaient
pas reculé devant le danger. L'*honneur*, dont on avait
tant parlé, ne fut plus compté que pour une quantité
négligeable par ces intellectuels qui avaient soutenu,

thie pour toutes les nationalités opprimées ; et je sais
combien de temps et d'études il m'en a coûté pour m'en
défaire, mais alors d'une façon radicale. » A la manière
dont il parle des Slaves des Balkans, on voit qu'en effet il
était, dès lors, pleinement émancipé du vieux donqui-
chottisme démocratique.

avec tant de fracas, que pour réparer une injustice il fallait même hasarder de porter atteinte à la force défensive du pays. Quand ils eurent obtenu les avantages matériels qu'ils pouvaient tirer de leur campagne pour le Droit, ils se montrèrent tout naïvement heureux de voir proclamer une amnistie ignominieuse, qui les mettait à l'abri de toutes poursuites pour leur conduite antérieure (1) ; ils liquidèrent le passé, sans frais pour eux, et s'étonnèrent de voir quelques hommes d'élite refuser une solution qui restera la honte ineffaçable du parti de la Défense républicaine.

Loin d'obtenir la punition des criminels, la revision impartiale du procès, ou même seulement la connaissance du dossier mystérieux, les intellectuels se faisaient amnistier et défendaient qu'on les troublât dans leur quiétude. Ainsi nous vîmes que la défense de la Vérité, du Droit, de la Morale devient une industrie quand elle tombe entre les mains des idéologues ; nous vîmes reparaître dans cette *classe pensante* toutes les tares de la classe ecclésiastique contre laquelle les professionnels des Droits de l'homme ne cessent de déclamer par jalousie. Leur socialisme n'est, sans doute, pas de meilleur aloi que leur passion pour la Justice ; et Balzac avait déjà signalé dans *Mercadet* l'immoralité des professionnels bourgeois du socialisme (2).

(1) *Cahiers de la quinzaine*, 2ᵉ série, n° 7, p. 44.
(2) *De la Brive :* Nous avons en France une carte des principes aussi variée que celle d'un restaurateur. Je serai socialiste. Le mot me plaît. A toutes les époques, il y a des adjectifs qui sont le passe-partout de toutes les ambitions... Il faut toujours prendre l'envers d'un mot pour en trouver la

*
* *

J'ai reconnu, au cours de cette affaire, que je ne m'étais pas trompé en 1894 quand j'avais signalé les liens étroits qui existent entre les idées militaires et les aspirations de la démocratie française. Si la revision a échoué, c'est surtout parce que la bourgeoisie (libérale et radicale) était hostile à la cause du malheureux persécuté. On a pu mesurer alors de quel amour profond le pays aime son armée ; toute l'éloquence de Jaurès s'est brisée contre la force des souvenirs patriotiques légués par la tradition révolutionnaire. On a eu beau répéter, de mille manières, que l'armée était entre les mains des Jésuites, la démocratie ne l'a pas cru.

Le rôle des radicaux n'a point paru très héroïque à beaucoup de personnes ; les gens qui croient à la toute puissance des Idées, se sont demandé comment les défenseurs des Droits de l'homme se montraient si timides : ce qui les gênait, c'était cette exaltation patriotique sans laquelle la démocratie française n'aurait peut-être aucune raison d'être. Les radicaux sont bien plus en contact avec la population de province que ne le sont les anciens amis de Gambetta, depuis longtemps arrivés et assez méprisants pour les grands hommes de petite ville. Ils ne pouvaient, sans ruiner leur influence auprès de leurs électeurs, prendre

véritable signification. (Acte III, scène IV.) — *Mercadet :* Vous êtes homme d'esprit. — *De la Brive :* Monsieur, je suis socialiste. — *Mercadet :* Quelque nouvelle industrie. (Acte III, scène VIII.)

part à un mouvement qui blessait la *confiance patrio-tique* des masses et menaçait l'existence même de l'armée. A Paris beaucoup d'intellectuels ne pouvaient sainement juger cette situation ; Clémenceau a perdu toute sa popularité en soutenant la cause de la Justice et en s'obstinant à réclamer la punition des généraux coupables ; la province, ne pouvant rien comprendre à cette insurrection des cercles littéraires et artistiques parisiens contre une Idole adulée depuis si longtemps, imaginait de ténébreux complots pour s'expliquer la conduite de Jaurès et de Clémenceau. Lorsque M. Waldeck-Rousseau fut appelé au pouvoir, il ne tarda pas à comprendre que le pays n'accepterait pas facilement un jugement impartial, qui mettrait à nu les plaies morales de l'armée ; il dut se résigner à la solu-tion que nous connaissons : laisser la vengeance mili-taire achever de s'exercer contre Dreyfus, accorder une *grâce qui laissait intacte la présomption de crime* et empêcher que l'affaire ne pût être reprise.

Si vraiment, comme l'a montré jusqu'à l'évidence l'affaire Dreyfus, le parti radical est le représentant du patriotisme, comment un socialiste pourra-t-il par-ticiper à un gouvernement radical en France ? Il ne semble pas que, dans les réponses à la consultation internationale, cet aspect de la question ait été exa-miné : c'est que dans les pays étrangers l'Idée mili-taire n'a pas la même origine qu'en France et ne joue pas le même rôle dans la politique. Il paraît impossi-ble que le prolétariat organisé accepte jamais le nationalisme des radicaux ; de là résulte qu'il y a entre les partis bourgeois les plus avancés et le monde ouvrier un abîme que rien ne peut combler, et que là participation du socialisme au pouvoir soulève chez nous des difficultés qui n'existent pas ailleurs.

Les idéologues, étrangers aux passions du prolétariat et à ses tendances, peuvent très facilement s'arranger de ces difficultés ; formant une *classe pensante*, ils vivent à la fois en dehors de l'armée et en dehors du monde du travail ; ils ont besoin de la force publique et ils ont besoin des travailleurs, pour assurer leur tranquillité et pour les nourrir. Ce qui convient à leurs intérêts de classe, leur apparaît aussi comme étant ce qu'il y a de scientifiquement plus convenable. Mais ils ne parviendront jamais à convaincre les deux groupes : les patriotes ne croient pas à leur sincérité et les accusent de vouloir abaisser l'armée au rôle de gendarmerie, que dis-je, d'un corps de gardes-champêtres ! les ouvriers écoutent avec défiance les leçons que veulent leur donner des gens qui ont, manifestement, des intérêts autres que les leurs.

Ainsi nous sommes amenés, dès que nous voulons considérer, d'un point de vue général, les problèmes pratiques de la vie contemporaine, à nous demander quel a été le rôle des idéologues dans l'histoire. Découvrir des lois abstraites, gouvernant l'évolution des sociétés, est une entreprise qu'il faut laisser aux professionnels de la sociologie : ces braves gens découvrent tant de grandes lois qu'ils n'ont pas le temps de penser à les vérifier.

Nous procédons tout autrement ; nous ne prétendons pas poser des lois analogues aux lois physiques pour en déduire logiquement des conséquences ; ce genre de physique sociologique est tout à fait ridicule ; Marx a suivi toujours une autre méthode, la seule qui soit féconde. En étudiant, d'une manière philosophique, des époques convenablement choisies, il est possible de formuler des *règles de prudence*, excellentes pour la pratique d'aujourd'hui. Ces règles ne nous disent pas ce qu'il adviendra, ni même ce qu'il faut faire ; mais elles nous avertissent de certains dangers et nous tracent une voie à l'abri d'un certain nombre d'écueils reconnus ; la route n'est peut-être pas encore parfaitement sûre, mais elle est un peu délimitée. Ces règles ne valent point également pour tous les temps ; mais à chaque jour sa peine ; l'essentiel est qu'elles soient utiles pour le temps actuel.

Mais, dira-t-on, la fin du paganisme est bien loin de nous. Pas si loin qu'on pourrait le croire. L'Église prétend rester immuable et il est certain que ses thèses essentielles ont bien peu changé, si même elles ont changé au cours des siècles. Durant le Moyen-Age, elle est restée écrasée sous le poids de la barbarie et ses chefs furent engagés dans un réseau d'institutions féodales qui déformèrent complètement la véritable constitution catholique. La Révolution a libéré l'Eglise et l'a rendue à ses instincts naturels ; l'Eglise actuelle ressemble donc beaucoup à celle du IVᵉ siècle, alors qu'elle était puissante surtout par les *convictions* et qu'elle n'était pas encore trop recouverte d'une enveloppe étrangère.

Au IVᵉ siècle l'Eglise est dans une période de jeunesse, au moment où elle a acquis à peu près tout ce qui doit constituer sa doctrine ; « c'est pendant ce siècle, dit M. Thamin (1), que les éléments divers qui devaient concourir à former la morale chrétienne se sont combinés et ont arrêté la proportion définitive de chacun d'eux. » Nous nous trouvons donc en face d'un système idéologique complet et nous pouvons en suivre le mode de fonctionnement, avant l'apparition de forces étrangères.

Il y a une autre raison qui donne un intérêt tout particulier aux études sur cette période ; c'est que, sous l'influence de causes diverses et notamment de la Révolution, les idées antiques ont pris une importance toute nouvelle dans le monde ; nous sommes bien plus près de Cicéron que de saint Ambroise, remarque M. Thamin (2). Il résulte de là que les luttes qui se produisent actuellement, entre ce qu'on appelle l'*esprit moderne* et l'Eglise, ont de très grandes affinités avec celles qui se produisirent au ive siècle entre les derniers représentants du paganisme et les docteurs chrétiens. L'Eglise n'ignore pas cette analogie et elle croit pouvoir s'appuyer sur cette ancienne expérience pour pronostiquer la défaite de ses ennemis : une fois de plus l'Evangile l'emporterait sur la *sagesse du monde*. Ce genre de raisonnement est très faible, parce que les phénomènes historiques ne se reproduisent jamais de la même manière.

Ce qu'il faut chercher dans l'expérience du passé,

(1) Thamin, *Saint Ambroise et la morale chrétienne*, p. 411.

(2) Thamin, *op. cit.*, p. 447. « Cicéron plutôt que saint Ambroise serait l'inspirateur de quiconque voudrait nous dicter des *devoirs que nous sachions entendre* » (p. 464).

ce n'est pas une prévision de faits, mais une interprétation philosophique des causes profondes des actions humaines. Il serait inutile de trop insister sur une question de méthode ; le lecteur pourra juger si la méthode employée permet d'arriver à des résultats pratiques. L'essentiel n'est pas de prouver que le mouvement existe, mais de le produire.

De l'impartialité que l'on peut demander à l'historien du chris
tianisme. — Atténuations et omissions fréquentes. — L'Empire
romain devait-il succomber (1) ?

Il est impossible de s'occuper de l'histoire du christianisme d'une manière tout à fait désintéressée ; une
pareille histoire soulève bien d'autres problèmes que
des problèmes d'érudition ; l'Eglise est trop mêlée aux
luttes de la société moderne pour que nous puissions
suivre, aujourd'hui, les récits de ses anciens combats
sans qu'il naisse en nous des sentiments fortement apparentés avec ceux que provoquent les conflits sociaux
contemporains. Dans la préface de son livre sur la
Fin du paganisme, M. Boissier affirme qu'il a pu étudier
ces temps si troublés avec le calme du savant qui étudie
des phénomènes naturels ; cette affirmation semble
bien étrange (2). « J'ai abordé ce travail, dit-il, sans
opinion préconçue et je l'ai poursuivi avec une entière
liberté d'esprit. Je ne me suis jamais préoccupé des
discussions que suscitent autour de nous les questions
religieuses... Le plaisir que j'ai éprouvé à vivre au mi-

(1) Ce chapitre a été refait, mais seulement pour développer et compléter les idées émises primitivement.
(2) Tome i, p. 3.

lieu des événements du passé, m'a permis de fermer l'oreille aux querelles d'aujourd'hui. »

Si l'on compare le livre de M. Boissier au plus grand nombre des ouvrages écrits sur ce temps, on ne peut manquer d'être frappé du libéralisme de l'auteur ; on n'est pas habitué à voir les écrivains qui s'occupent d'archéologie chrétienne, se montrer aussi éloignés d'un fanatisme quelconque, soit clérical, soit anticlérical (1). Mais je crois que M. Boissier n'a pas toujours bien compris le rôle du véritable historien des idées. Que le catholique juge avec sévérité, ou même avec passion, le passé, c'est un droit que je lui reconnais pleinement ; je pense même que souvent sa préoccupation et sa passion peuvent l'amener à découvrir, dans les recoins cachés, des renseignements insoupçonnés et il me semble que Rossi a été parfois bien inspiré par son désir ardent de *trouver quelque chose*. Mais le devoir de l'historien est de fournir tout ce qui se trouve dans ses sources, sans rien dissimuler. Rien ne me paraît plus dangereux que le système qui consiste à atténuer, omettre ou sous-entendre, sous prétexte d'impartialité.

(1) M. P. Allard, qui a écrit sur les persécutions un livre important et plein de renseignements, veut que nous croyions au *mal des persécuteurs* : Antiochus Epiphane, Hérode le grand, Hérode Agrippa, un légat de Cappadoce Claudius Herminianus sous Septime-Sévère, l'empereur Galère et un oncle de l'empereur Julien seraient morts de ce mal mystérieux, dévorés par les vers (*Histoire des persécutions*, t. v, 2ᵉ édit., p. 153). Cette doctrine devrait nous amener à admettre qu'il y a eu très peu de persécuteurs, car ce mal a été assez rare.

Pour montrer par des exemples ce que j'entends par le devoir de l'historien, je vais faire voir combien peu M. Boissier me semble l'avoir compris dans les parties de son livre relatives à la prise de Rome par Alaric. Je choisis cet épisode parce que nul événement n'a exercé autant d'influence sur les esprits que celui-là ; il était donc très essentiel pour l'*histoire des idées* de recueillir les moindres indices capables de nous renseigner sur ce que pensaient les gens du ve siècle. Je comparerai le livre de M. Boissier avec les *récits* bien connus d'Amédée Thierry : l'auteur était un excellent chrétien, un des plus sincères de son époque ; mais il vivait dans un milieu où l'atténuation apologétique était très mal vue.

« Le 24 août 410, dit M. Boissier (1), Alaric qui assiégeait Rome, y pénétra, pendant la nuit, par la *porta Salaria*, qui était mal gardée. Pendant trois jours la ville fut mise à sac par les Barbares. Alaric était chrétien ; *il aurait voulu se montrer clément ;* mais il ne fut pas maître de ses soldats, parmi lesquels se trouvaient des gens de toutes les nations et de tous les cultes. » Je ne comprends guère ce que M. Boissier a voulu dire en parlant de la *clémence d'Alaric :* les vaincus auraient-ils été des coupables? C'était bien ainsi que les catholiques du ve siècle considéraient les choses (2) : l'empereur Attale, nommé par le Sénat, avait voulu établir une large tolérance et même donner des gages au parti païen toujours puissant à Rome, en remplaçant le *labarum* sur les médailles par une figure de

(1) Tome II, p. 298.
(2) A. Thierry, *Alaric*, p. 413.

la Victoire ; il est vrai qu'Attale était alors prisonnier des Goths, mais le pape s'était enfui à Ravennes et (1), suivant les catholiques, Rome devait périr comme une ville maudite ; saint Augustin déclarera qu'Alaric a été l'envoyé de Dieu et le vengeur du christianisme. Mais de telles idées sont-elles celles de M. Boissier ?

Les Goths durant toute leur expédition se montrèrent très durs pour les chrétiens les plus illustres; le célèbre Paulin de Nole fut traité avec la dernière violence quelque temps après, quand Alaric traversa la Campanie (2) : ici il n'y avait plus aucune excuse à invoquer ; si Alaric avait voulu être *clément*, pourquoi laissa-t-il maltraiter un des plus illustres prélats italiens ?

Par un hasard vraiment providentiel, on ne possède sur le sac de Rome que les récits des auteurs chrétiens ; ces récits poussent le paradoxe jusqu'aux dernières limites de l'invraisemblance. D'après Orose (3), un seul sénateur périt et ce fut par sa faute : il s'était caché et ne se fit pas reconnaître; or on sait que plusieurs sénateurs furent torturés. Les chrétiens n'avaient qu'à faire le signe de la croix pour être respectés ; et cependant beaucoup de femmes chrétiennes furent violées. « Ces hardis mensonges, dit A. Thierry, furent admis plus tard comme des faits indiscutables. » Les *mensonges* forment des documents essentiels dans une histoire des idées.

A. Thierry ne pouvait accepter sans protestations les jugements des livres catholiques ; il les compare aux pamphlets royalistes de la Restauration :

(1) A. Thierry, *Alaric*, p. 432, p. 438, p. 473.
(2) A. Thierry, *Alaric*, p. 459.
(3) A. Thierry, *Alaric*, pp. 477-479.

« La *négation de la patrie*, de la pitié.., l'insulte, la
menace jetées comme consolation à des gens qui meu-
rent ou qui ont perdu toute raison de vivre, l'apothéose
d'affreux Barbares dont on fait les exécuteurs d'un
dieu de justice, tout cela inquiète et trouble l'âme. »
De même chez nous « des étrangers ont été salués
d'amis et de libérateurs... Ils avaient égorgé nos soldats, brisé notre drapeau, amoindri et humilié la
France ; et nous avons proclamé, jusqu'à la tribune
nationale, qu'ils étaient plus Français que nous ». Il
est toujours intéressant de r   ir des documents sur
l'idée de patrie ; M. Boissier a été un des premiers
adhérents de la ligue de la *Patrie française ;* il devrait
moins que tout autre nous dissimuler le genre de
patriotisme des chrétiens du v⁰ siècle.

La prise de Rome n'a jamais été bien expliquée ;
Procope a rapporté une tradition d'après laquelle la
patricienne Proba Faltonia, de la grande famille des
Anicii, aurait fait occuper la porte par ses esclaves
et l'aurait fait livrer à Alaric, afin d'éviter aux habitants les horreurs d'un plus long siège. A. Thierry
regarde (1) cette version comme assez vraisemblable et
il attribue cette conduite à « la passion religieuse et à
l'esprit de parti ». On sait que les Anicii étaient fanatiquement catholiques (2) ; que l'on accepte ou non le
récit de Procope, il est nécessaire au moins de le
mentionner.

---

(1) A. Thierry, *Alaric*, p. 443.
(2) Les païens leur reprochaient d'être insatiables (Ammien
Marcellin, xvi, 8). De cette famille sont sortis saint Benoît
et le pape Grégoire-le-Grand.

2.

Toute la *clémence* d'Alaric se borna à déclarer que les basiliques de Saint-Pierre et de Saint-Paul serviraient de lieux d'asile. A. Thierry explique cette décision d'une manière très vraisemblable ; comme tous les Barbares, le roi goth était fort superstitieux (1). « Il se dit que Rome n'était pas seulement la métropole du monde, mais aussi la ville des apôtres et qu'il fallait compter avec le ciel... Hors de ces asiles Alaric abandonnait tout à la rapacité des soldats (2). »

Les horreurs du sac de Rome donnèrent lieu à beaucoup de difficultés théologiques ; les païens soutenaient que le dieu des chrétiens n'était pas aussi puissant qu'on le prétendait, puisqu'il n'avait pu protéger tant de vierges consacrées à son service ; la théorie de ces viols constitue une des plus curieuses parties de la doctrine chrétienne au ve siècle ; M. Boissier est bien obligé d'en dire quelque chose ; mais il atténue tellement ce qu'a écrit saint Augustin qu'on prendrait ce Père de l'Eglise pour un professeur moderne de philosophie (3). « Il parle de toutes avec sympathie, il n'en veut condamner aucune. Il est plein de miséricorde pour celles qui sont mortes... Mais on voit bien qu'il préfère la conduite des autres. Il les console en leur montrant qu'elles ne sont pas coupables, puisqu'elles n'ont pas été compli-

(1) A. Thierry, *Alaric*, p. 444. Le désespoir qui s'empara de lui après la destruction de sa flotte à Rhégium ne peut s'expliquer par ses idées superstitieuses.

(2) A. Thierry croit pouvoir conclure de quelques textes, assez obscurs malheureusement, qu'il fallait se déclarei chrétien pour pouvoir être admis dans ces deux basiliques.

(3) Tome ii, p. 313.

ces (1). En échange de leurs maux, si [les fidèles] les
supportent avec piété, [Dieu] leur réserve une récompense éternelle. »

Saint Augustin dit bien autre chose que ces banales
consolations : il a une théorie tout à fait curieuse à
étudier ; il divise les victimes en deux classes. Dans la
première, il place celles qui s'étaient enorgueillies de
leur chasteté et avaient pris plaisir à recevoir les com-
pliments ; celles-là « ont perdu ce qui les rendait si
jalouses de plaire aux hommes et conservé ce que leurs
yeux ne peuvent voir. Si vous n'avez point consenti
aux péchés d'autrui, la grâce divine vous est demeurée
et la gloire humaine a cessé d'être pour vous un objet
aimable ». Dans la seconde classe se trouvent celles
qui n'avaient eu aucun sentiment d'orgueil ; mais la
Providence a, selon saint Augustin, des ruses vraiment
étranges ; « *peut-être* avaient-elles quelque faiblesse
secrète, qui *eût pu* dégénérer en vaine gloire, si dans
cette désolation publique elles eussent échappé à l'humiliation qu'elles ont essuyée. Quelque chose leur a été
ravi *de peur que leur prospérité ne corrompît leur
modestie*. Les unes ont été guéries de l'orgueil ; et les
autres en ont été préservées. » Ainsi loin de se plain-
dre, les victimes n'auraient, semble-t-il, qu'à remercier
la Providence ! Enfin ce malheur a servi d'expérience
pour montrer ce que Dieu entend par chasteté : ce n'est
pas un bien corporel, mais « une volonté ferme, aidée

(1) Saint Augustin insiste beaucoup sur cette question de
la complicité ; il semble qu'il exige que la femme ait subi le
viol comme une opération chirurgicale (*Cité de Dieu*, livre I,
chap. 18).

de la grâce de Dieu, par laquelle le corps et l'âme sont sanctifiés. » (*Cité de Dieu*, livre I, chap. 28.)

Je crois qu'il est absolument nécessaire de connaître ces raisonnements vraiment caractéristiques pour comprendre la pensée chrétienne du ve siècle. On peut les approuver, les désapprouver; mais on ne doit pas les cacher (1).

Dans tout son livre M. Boissier est dominé par une idée préconçue qu'il est nécessaire de bien mettre en évidence. Depuis des siècles les philosophes se demandent si le christianisme est responsable dans une certaine mesure de la chute de l'Empire romain; saint Augustin agite la question dans la *Cité de Dieu*, mais ses arguments paraissent aujourd'hui bien faibles; la majorité des historiens modernes a été longtemps d'avis que l'Eglise avait, en dernière analyse, la principale responsabilité des grandes fautes commises (2); il me semble que, dans ces dernières années, sous l'influence d'un courant d'idées beaucoup plus favorable au catholicisme, on admet que la chute de l'Empire romain était inévitable et on cherche quel *rôle très secondaire* la nouvelle religion a pu avoir dans la catastrophe. Ce point de vue moyen est celui de M. Boissier.

(1) M. P. Allard trouve ce genre de consolations très conforme à l'orthodoxie, car il cite cette « belle page » de saint Augustin pour expliquer de quelle manière les chrétiens du ive siècle comprenaient le sort des chrétiennes condamnées sous l'empereur Maximin à la prostitution publique ou obligées de subir la violence des magistrats païens (*Histoire des persécutions*, t. v, p. 82).

(2) Tome ii, p. 340.

Je ne vois pas trop comment on pourrait prouver la proposition essentielle de cette thèse : il s'agissait d'une question de force militaire ; cette chute infaillible résulterait de ce que Rome n'aurait plus été en état de vaincre — c'était l'explication de Ozanam : « Rome ne se souvint plus de l'art de vaincre » ; mais, observe très justement M. Boissier (1), jusqu'au dernier jour l'Empire a remporté des victoires : « or, la veille de la prise de Rome, Stilicon avait battu Alaric ; plus tard quand l'Empire semblait tout à fait perdu, Aétius, avec une armée de Goths et de Francs, qui servaient sous les aigles, a écrasé les hordes d'Attila. » Les contemporains ont cru, plus d'une fois, que la décadence était arrêtée et que la guerre contre les envahisseurs avait abouti à des résultats décisifs (2).

M. Boissier croit qu'on ne peut pas découvrir la cause profonde de la chute de l'Empire (3), « qui paralysait l'effet des grandes victoires, qui rendait inutiles les efforts des princes, l'habileté des administrateurs, le talent des généraux. Les païens l'appelaient le *Destin*, et les chrétiens la *Providence* ; c'est en termes plus convenables avouer qu'on n'en sait rien. » Cette position sceptique serait inattaquable si, en même temps, l'auteur ne prétendait pas que la « fin de l'Empire était inévitable ».

Cette hypothèse conduit à admettre que le christianisme est innocent de tous les malheurs qui sont

(1) Tome II, p. 384.

(2) Puech, *Saint Jean Chrysostome et les mœurs de son temps*, p. 306.

(3) Tome II, p. 384.

arrivés et qu'on doit lui être reconnaissant de toutes les améliorations qui se sont produites dans le monde ; c'est la position que prennent, à l'heure actuelle, les apologistes de l'Eglise : ils traitent, *suivant les besoins*, la religion de cause faible ou de cause forte. C'est pourquoi je ne crois pas qu'il soit possible de se rallier à la solution de M. Boissier, qui est à la fois sceptique et déterministe.

Quelques auteurs cherchent à se tirer d'affaire en donnant à la chute de l'Empire une cause extérieure, qui n'aurait pas besoin d'être expliquée ; ainsi M. Gebhardt écrit (1) que l'invasion germanique est « un *fait énorme, brutal* comme un cataclysme de la nature » ; et il se demande ce qu'il serait advenu si l'Eglise n'avait pas été là, pour convertir les Barbares et mettre un peu de paix dans le monde. Mais justement *ce fait énorme* n'a pu se produire que par la décomposition interne de l'Empire et il faudrait expliquer comment l'Empire est devenu assez faible pour ne pas pouvoir résister à cette invasion.

Il est bien évident qu'il y avait, comme le dit M. Boissier, une maladie très ancienne et il est non moins évident que cette maladie portait sur les institutions militaires. Dans le cours de ces études, j'aurai souvent à revenir sur cette question qui ne paraît pas facile à résoudre.

L'armée était, depuis longtemps, entretenue sur un pied tout à fait insuffisant ; il arrivait que les légions n'existaient souvent que sur le papier (2). Quand on

____

(1) *Journal des Débats,* 13 décembre 1899.

(2) A la fin du IVe siècle l'effectif des légions tombe jus-

avait à faire une expédition importante, il fallait opérer une concentration extrêmement pénible, appeler des troupes de très loin et dégarnir les frontières (1). Enfin tout le monde a été frappé qu'à chaque instant les empereurs sont obligés de prendre eux-mêmes le commandement ; ce fait indique une très grande désorganisation (ou si on aime mieux, une absence complète d'organisation) ; il fallait que l'empereur fût présent pour que le service fonctionnât à peu près régulièrement (2).

Ce sont des raisons d'économie, sans doute, qui expliquent pourquoi l'Empire ne s'est pas étendu jusqu'à des frontières vraiment militaires (3). On n'a pu occuper la Dacie avec des forces suffisantes et il a fallu l'abandonner définitivement sous Aurélien ; cependant cette province était d'une importance stratégique capitale. La nécessité de posséder la Bohême aurait

qu'au cinquième de l'effectif ancien, 1200 hommes au lieu de 6000. (P. Allard. *Histoire des persécutions*, t. v, p.368.)

(1) M. P. Allard fait ressortir ce qu'a d'anormal la composition de l'armée avec laquelle Aurélien marcha contre Zénobie (*Histoire des persécutions*, t. iii, p. 232).

(2) Les représentants du peuple, durant la Révolution, rendaient des services du même genre ; disposant d'un pouvoir presque souverain, faisant de véritables lois provisoires, ils parvenaient à assurer la subsistance des armées où ils se trouvaient. Leur activité prouve la désorganisation des administrations normales.

(3) La conquête romaine a cela de particulier qu'elle ne cessait d'alimenter le gouvernement du pays en hommes ayant les qualités des meilleurs Romains (Tome ii, p. 383). Jamais pareille fortune n'est arrivée à aucun peuple.

dû frapper les yeux. On ne comprend pas comment Auguste ne jugea pas utile de pousser la conquête sur le plateau de la Perse ; et la faiblesse de l'Empire devant les Parthes a quelque chose d'étrange. Les révoltes fréquentes des Juifs montrent que l'Empire était vraiment bien peu puissant dès le 1er siècle !

Le mal est donc ancien ; les causes de la politique pacifique sont évidemment complexes (1) ; mais ce qui nous étonne, c'est que l'on n'ait jamais fait de tentatives sérieuses pour réorganiser l'armée. Zosime accuse Constantin d'avoir contribué à la ruine de l'Empire en dégarnissant les frontières et en créant un nouveau système d'administration qui permit aux fonctionnaires civils de garder bien plus facilement que jadis l'argent destiné aux troupes.

Le christianisme eut une certaine influence sur la décadence militaire, ne fût-ce qu'en vulgarisant cette idée que la victoire ne dépend pas de causes matérielles, mais de causes morales. On a beaucoup ridiculisé de notre temps les baïonnettes intelligentes ; l'Eglise avait les *sabres pieux*, ce qui est exactement la même chose. La guerre est comme l'industrie ; elle se fait avec des matières, des hommes et de l'organisation.

Sans doute, là encore, le mal était ancien ; il y avait longtemps que les chefs de l'armée étaient plongés dans les plus stupides superstitions ; mais si le christianisme combattait les magiciens idolâtres, il avait mieux à faire qu'à s'emparer de leur succession !

A force de plaider les circonstances atténuantes en faveur du christianisme, M. Boissier en arrive à le réduire

(1) Voir note finale A.

à presque rien (1). « Il est probable que le changement a été moins complet qu'on ne l'imagine ; ...la transition d'un régime à l'autre s'est accomplie sans trop de violences... Il n'est pas la cause directe de la ruine [de l'Empire]. Mais ce qui n'est pas moins sûr, c'est qu'il a été *impuissant* à l'arrêter. »

Que le christianisme ait fait naître dans la production antique des rapports d'ordre supérieur (2), c'est ce que personne ne pourrait essayer de prouver aujourd'hui. Il a créé l'Eglise et par là il a révolutionné la société civile ; l'antiquité n'avait rien connu de pareil et nul doute que cette création n'ait eu des conséquences graves sur le développement des institutions et sur les manières de comprendre le droit.

Nous allons étudier seulement l'action propre de l'idéologie chrétienne : nous verrons comment elle a brisé la structure du monde antique à la manière d'une force mécanique agissant de l'extérieur. Bien loin que l'on puisse dire que la nouvelle religion a infusé une sève nouvelle à l'organisme vieilli, on pourrait dire qu'elle l'a saigné à blanc. Elle a coupé les liens qui existaient entre l'esprit et la vie sociale ; elle a semé partout des germes de quiétisme, de désespérance et

(1) Tome I, p. 385.

(2) Le professeur Ciccotti, dans son livre *Il tramonto della schiavitu*, n'admet pas que le christianisme ait exercé une influence considérable sur l'abolition de l'esclavage ; je ne discuterai pas ici la question ; j'observe que le livre de M. P. Allard, sur *Les esclaves chrétiens*, donne bien l'impression que l'Eglise n'a pas de bons arguments à donner en faveur de son prétendu rôle dans l'évolution économique de l'antiquité.

de mort. Cette action malfaisante n'est, sans doute, pas imputable au dogme chrétien lui-même ; elle est la loi de toutes les idéologies : le socialisme utopique aurait produit des effets aussi désastreux s'il avait eu une influence durable, au lieu d'être balayé par le flot capitaliste. D'ailleurs, il cherchait à copier en tout le christianisme.

Le marxisme se présente, au contraire, comme une doctrine de vie, bonne pour les peuples forts : il réduit l'idéologie au rôle d'artifice pour l'exposition abrégée de la réalité (1) ; il estime que les progrès économiques sont la condition nécessaire de la génération d'une nouvelle société ; il enseigne aux hommes à vouloir acquérir les droits dont ils peuvent supporter la charge.

(1) Marx, *Capital* ; trad. franç., tome i, p 350, col. 2.

L'action du christianisme sur les jugements éthiques. — Le
droit et les opinions reçues. — Les lois de l'action sentimentale et l'inversion des fonctions raisonnantes.

Je crois que le triomphe du christianisme a eu une
influence plus sérieuse que celle que lui attribue
M. Boissier et qu'il a contribué à précipiter la ruine
de l'Empire romain, ne fût-ce qu'en donnant aux hommes la *claire conscience de l'incohérence qui existait
entre la réalité et l'édifice juridique traditionnel.*—
Lorsque cette claire conscience existe, l'ordre existant ne tarde pas à péricliter et la chute des institutions,
en apparence les plus solides, s'opère presque sans
effort. On sait, aujourd'hui, que les invasions des Barbares étaient bien peu redoutables : mais le gouvernement romain se trouvait aussi faible que l'Ancien Régime devant les émeutes révolutionnaires ; Honorius
ressemble fort à Louis XVI.

Le droit constitue un système organisé de formes,
ayant une valeur pour lui-même, comme le langage,—
ayant une évolution, — et pouvant, dans une certaine
mesure, se dissocier de ses principes générateurs. C'est
ainsi que des constructions juridiques survivent, très
souvent, aux causes qui les ont fait naître, perdent leur

signification première et deviennent très difficiles à interpréter. C'est encore à cette *dissociation* qu'il faut rapporter les essais que tentent les philosophes pour justifier les règles de droit, par des raisonnements métaphysiques, sans tenir compte de l'infrastructure économique et de l'histoire.

Le droit, comme tout ce qui est formel, ne peut subir qu'une évolution du deuxième degré.

Il se passe pour le droit quelque chose d'analogue à ce qui a lieu pour l'architecture : cet art est fondé sur les procédés employés pour bâtir ; mais au bout d'un certain temps il s'établit une consolidation des formules ; on pose des principes et des règles canoniques ; puis les philosophes interviennent et déclarent que tout ce travail est une manifestation de l'activité de l'intelligence à la poursuite du *beau*. A ce moment la dissociation s'opère entre les phénomènes scientifiques et naturels et ce qu'on appelle l'*art* ; dès lors on raisonne sur des formes, comme si elles étaient indépendantes du contenu technique.

Le moteur des systèmes formalistes est le *système des opinions reçues* (1) : cela est clair pour l'architecture ; les critiques littéraires posent des principes vagues sur les formes, imaginent des raisons pour

(1) *N. N.* Dans une étude complète sur la genèse du droit, il faudrait distinguer les divers systèmes d'opinions reçues et les rattacher chacun à la vie d'une classe ; mais il y a aussi un système général d'idées dominantes que le peuple considère comme indépendant des divisions en classes, bien qu'il en dépende aux yeux de l'historien.

En 1894 je n'osais pas introduire dans cette étude une théorie des classes.

rendre compte de ce qui a été fait et ces constructions
artificielles de l'esprit servent de guide aux artistes.
C'est ainsi qu'à l'époque romantique on décida que
les églises devaient élever l'âme vers le ciel, avoir
beaucoup de lignes verticales, que l'ogive était un
symbole chrétien, que les rosaces étaient des roses
mystiques, etc. Sur cet ensemble d'interprétations
ineptes de l'art du Moyen-Age s'est élevé l'art religieux
actuel, qui constitue bien la chose vide par excellence.

Les mêmes phénomènes se produisent dans le droit ;
à côté des formules officielles, il existe un corps considérable de doctrines vagues, confuses, d'origines très
diverses, qu'on pourrait appeler le *droit inconscient,_*
que nous appliquons, journellement, pour donner
notre avis sur les choses qui se produisent autour de
nous. Ce droit populaire se compose de jugements
qu'on a pris l'habitude de ne pas discuter, que l'on
reçoit comme l'appréciation que la société porte sur
ses propres actes.

Tout système d'opinions reçues est plein de contradictions et ce sont ces contradictions qui facilitent
l'évolution. Les actes législatifs ne ressemblent jamais
à des formules mathématiques : plus d'une fois, les
conservateurs, en voulant écraser l'hydre socialiste,
ont fait faire un pas considérable à nos conceptions et
provoqué l'introduction de quelques combinaisons
socialistes dans le système des opinions reçues.

Chaque fois qu'un fait nouveau se produit, nous le
jugeons d'après les opinions reçues et la force publique
le juge d'après les formules juridiques. Il y a toujours
une certaine contradiction entre ces deux manières de

voir ; pour les accommoder les jurisconsultes font évoluer le droit, dans les limites où cela est possible.

Le système des opinions reçues est bien plus malléable que le droit et il ne cesse de suivre la transformation de la vie économique ; c'est ainsi que les philosophes grecs exercèrent à Rome une si grande influence ; leurs conceptions sur l'équité passèrent, en grande partie, dans le corps du droit romain.

Cette opposition entre ce qui est arrêté et ce que pense le milieu se manifeste tous les jours, par les différences que l'on signale souvent entre le droit et la morale ; veut-on traduire en formules juridiques les appréciations morales, on tombe de suite dans la casuistique et ses contradictions infinies ; veut-on s'en tenir au droit pur, le régime semble intolérable et si on donne trop à la morale, l'ordre semble ébranlé (1). Au milieu de toutes ces contradictions, le législateur cherche à réaliser une organisation qui tienne un peu compte de toutes les tendances et qui ne donne pas au peuple le sentiment d'un gouvernement trop mauvais ou trop absurde.

Les décisions des jurys jettent beaucoup de lumières sur ce problème : le jury, statuant suivant sa cons-

---

(1) Aussi les meilleurs moralistes semblent-ils être ceux qui présentent leur enseignement sous une forme n'ayant aucune prétention scientifique. Renan a souvent signalé l'influence morale énorme exercée par les Juifs, bien que ceux-ci n'aient jamais pu aboutir qu'à des insanités, quand ils ont vécu en corps de nation, avec leur Thora, comme Code civil. — *N. N.* J'ai entendu ici le mot *morale* dans le sens très vague que lui donne la langue, mais ce n'est pas le sens le plus philosophique.

cience, est l'organe des opinions reçues et non un juge. — Par exemple, tandis que le droit fait consister le crime dans l'acte exécuté avec intention criminelle, il y a un préjugé régnant d'après lequel la qualité de l'acte dépend de l'honorabilité de la victime ; s'agit-il d'un scélérat que les lois ne peuvent atteindre et qui mérite la juste réprobation des honnêtes gens, celui qui le frappe cesse d'être criminel. La femme qui se venge d'un séducteur, est, d'ordinaire, traitée avec induigence, parce que la séduction est considérée comme *un défi aux opinions reçues* (1).

Dans la vie commune nous ne nous décidons que d'après les opinions reçues ; tout le monde trouverait extravagant un individu qui prétendrait agir en vertu d'une morale personnelle. — C'est une des raisons qui forcèrent les anciens casuistes espagnols à imaginer tant de subtilités pour mettre d'accord les principes chrétiens avec les usages du monde : ils sentaient, fort bien, que s'ils prêchaient un *tutiorisme* trop théorique, leur enseignement serait de nulle valeur pratique. — En général, l'homme se dirige surtout d'après les règles qu'il a trouvées, toutes faites, dans le milieu ; il y a toujours assez de jugements indiscutés, formant les lieux communs de la morale régnante, pour qu'un homme, ayant la moindre expérience de la vie, puisse toujours se tirer d'affaire et avoir une *conduite honorable.*

Les anciens hommes d'Etat se préoccupaient beau-

---

(1) Nous aurons l'occasion de signaler, plus loin, que les hommes considèrent de pareils *défis* comme extrêmement graves.

coup de la coordination et de la consolidation des opinions reçues ; ils croyaient que l'ordre ne pouvait être assuré sans l'unité (1). Cette question a une si grande importance historique qu'il faut nous y arrêter : il faut chercher quelle est la cause psychologique de cette consolidation.

Il est fort difficile de raisonner avec une personne qui a des opinions fermes; on ne peut que la rendre plus certaine au fur et à mesure qu'on cherche à l'ébranler. Ses principes sont tellement rivés à son être intime que toute discussion semble être une critique personnelle de sa conduite. Cette observation a été souvent faite et elle nous montre quelle est l'origine de la consolidation des opinions reçues ; il y a là un phénomène qui dépend de la vie affective et non de l'intelligence.

On a toujours remarqué l'influence fixatrice de la passion ; sous l'action de l'émotion, l'homme ne voit plus qu'un certain nombre de choses et il colore celles qu'il retient, d'une couleur favorable au cours de ses affections. Il n'est pas comme l'individu suggestionné, qui exécute un ordre d'une manière à peu près automatique ; il défigure le monde réel, ses souvenirs et toute la logique pour arriver à justifier les choses qu'il a faites. Cette prédominance de l'influence sentimentale est bien marquée dans l'amour et les romanciers ont tiré un grand parti de cette espèce de raisonnement à

(1) Pendant longtemps on a cru qu'il fallait l'unité religieuse ; aujourd'hui on nous prêche la concorde patriotique et l'union constitutionnelle ; quelques personnes disent que la France n'a plus de principes ; c'est vraiment bien fâcheux !

rebours, cher aux amoureux ; il serait complètement inutile de vouloir convaincre un homme épris sérieusement ; cela a été dit cent fois en vers et en prose ; le seul remède qu'on ait trouvé pour l'érotisme, comme pour toutes les passions d'ailleurs, consiste à *résoudre l'émotion déterminante sous l'influence d'une autre émotion.* On cite bien des gens qui, au moment d'une crise résolutive, sont passés de l'amour des femmes à la mystique la plus ascétique.

Si tout le monde convient de ces faits, on ne semble pas avoir, généralement, donné assez d'attention à la puissance fixatrice des sentiments dans la vie courante ; on raisonne comme si les passions, comme si l'amour, étaient des phénomènes pathologiques, étrangers aux lois de la vie normale ! Cependant, on peut suivre dans toutes les circonstances de l'existence les applications des mêmes principes.

Ce qui dissimule, aux yeux des personnes inexpérimentées, le vrai caractère de l'action sentimentale, c'est que nous nous figurons raisonner très logiquement, alors que nos raisonnements ne sont que des justifications *a posteriori* d'un parti pris d'avance. J'ai dit, dans une étude antérieure (1) : « la justification des actes est toujours aisée pour un homme ayant une certaine instruction ; les thèses de l'ancienne casuistique étaient surtout pernicieuses parce qu'elles facilitaient cette *inversion des fonctions;* elles permettaient d'habiller de motifs sophistiques toute décision possible. »

(1) *La psychologie du juge. Archivio di psichiatria, scienze penali ed antropologia criminale;* vol. XV, fas. 1.

Le processus psychologique se trouve ainsi recouvert d'un décor éthique, qui parvient à tromper le sujet sur la véritable nature de ses actes et qui a provoqué des discussions sans fin entre les philosophes. On s'est ingénié à trouver des raisons pour ne pas admettre ce phénomène d'inversion des fonctions électives. On a voulu que l'argumentation justificative ait toujours précédé la décision ; on l'a confondue avec la délibération ou examen critique des différents cas possibles ; mais on trouvait une lacune impossible à combler, une crevasse entre l'argumentation et l'action ; on a rempli l'intervalle par le libre-arbitre. Les juristes, commettant la même erreur fondamentale, ont cru que le jugement devait être basé sur cette argumentation et ils ont tourmenté les accusés pour obtenir d'eux l'explication des motifs qui les avaient dirigés dans l'accomplissement de leurs crimes ; comme les sujets examinés n'ont pas l'usage des analyses psychologiques et que leur situation même les oblige à *plaider leur cause* et non à la raisonner, on n'obtient par ce procédé que des romans (1).

J'ai indiqué, dans le mémoire auquel je me réfère, que cette inversion se produit avec d'autant plus de facilité que le sujet a davantage l'habitude de raisonner d'une manière abstraite ; c'est là un des dangers de la morale idéaliste. On trouvera plus loin un exemple, tout à fait remarquable, de ce phénomène ;

(1) C'est ce qu'on appelle chercher l'intention du coupable ; en réalité le juge cherche autre chose, il lui faut connaître ce qu'on peut nommer la *conception sociale de l'acte*, c'est encore là une chose différente de la justification.

c'est ainsi que saint Augustin arriva à se tromper si étrangement sur sa propre conduite dans l'affaire de Pinianus (1).

Cette illusion a une origine émotionnelle : l'aperception se trouve fixée dans un champ déterminé ; nous ne voyons les choses qu'à travers un appareil optique qui éloigne tout ce qui n'a pas certaine couleur et qui déforme tout ce qu'il nous permet de saisir.

Plus un homme est convaincu, plus l'illusion est forte : quand on dit de quelqu'un : c'est un convaincu, on veut dire : c'est un aveugle et un déraisonnable.

C'est par cette théorie sentimentale qu'on peut se rendre compte facilement de ce qui se passe dans les assemblées délibérantes ; les explications données par MM. Nordau, Gabelli et Sighele ne me semblent pas satisfaisantes. Les députés ne se décident pas dans les groupes sous l'action du raisonnement, mais sous l'impulsion de leurs émotions ; quand ensuite, se trouvant isolés, ils veulent se rendre compte de ce qu'ils ont fait, ils ne peuvent plus bien comprendre leur conduite ; c'est que l'émotion n'est pas la même dans le cabinet et dans une foule ; des arguments décisifs contre le vote émis ne leur sont pas venus à l'esprit quand ils étaient réunis.

Le travail de consolidation n'exige point de grands efforts de génie : il faut agir d'une manière incessante, *développer des tendances qui existaient à l'état inconscient* (2), répéter et répéter sans cesse les mêmes

(1) Voir la fin du chapitre x.

(2) C'est là le principe de la force des grands remueurs d'hommes : ils font monter à la surface des puis-

émotions. On a souvent soutenu que le gouvernement des Bourbons aurait pu s'acclimater en France, si en 1830 quelques hommes politiques raisonnables avaient voulu se faire des concessions mutuelles ; je crois que cela est fort douteux, car depuis 1815 une propagande sentimentale très active avait été faite contre eux ; tous leurs actes étaient critiqués par des gens qui ne pouvaient parler politique sans penser aux sottises des émigrés, aux prédications menaçantes des missionnaires, aux humiliations subies par l'armée napoléonienne, aux dangers que les acquéreurs des biens nationaux avaient courus.

L'émotion ayant pour effet de nous tromper sur la véritable nature des choses et nous empêchant d'observer la réalité d'une manière scientifique, on comprend que le système des opinions reçues constitue toujours une construction artificielle, qui ne correspond pas exactement à la vérité des choses. Il faut un certain temps pour que l'opinion se forme et qu'on arrive à voir une chose qui existe, et, quand la raison d'être d'un jugement a disparu, ce jugement persiste encore un certain temps.

Ces préliminaires posés, nous pouvons aborder l'étude de l'évolution qui s'est produite au ive siècle.

sances restées inconnues ; ils donnent à leurs auditeurs la conscience de certaines tendances et ils emploient les émotions pour leur faire accepter des doctrines ou des résolutions.

III

Les mœurs. — Adaptation aux usages romains. — Les jeux. —
L'ascétisme des couvents. — Le bonheur monacal. — L'idée
égoïste et la fin du monde.

Le christianisme n'a pas beaucoup changé les mœurs
de la société romaine ; c'est là un fait d'une importance
capitale sur lequel M. Boissier me semble avoir donné
des preuves très solides : il compare le temps de Symmaque à celui de Pline le jeune (1) ; « c'est le même
monde qui a un peu vieilli ». Il estime que les grands
seigneurs chrétiens vivaient exactement comme le
païen Symmaque ; cela ne nous étonnera point,
puisque les conditions économiques étaient les mêmes
pour tous les membres de l'aristocratie.

Faut-il prendre à la lettre les dires d'Ammien Marcellin et de saint Jérôme ? M. Boissier croit qu'ils ont
chargé leurs tableaux ; cela importe peu, car nous
devons comparer leurs satires aux satires de Juvénal
et de Martial : et vraiment il semble que c'est bien toujours la même chose. En tout cas, saint Jérôme nous
apprend que païens et chrétiens se valaient (2) ; « il

(1) Tome II, p. 175. (*Voir note finale* B.)
(2) Tome II, p. 190.

nous fait voir que les vices de la vieille société avaient passé dans la nouvelle, sans presque changer de forme, qu'on ne pouvait pas toujours distinguer la vierge et la veuve qui avaient reçu les enseignements de l'Eglise, de celles qui étaient restées fidèles à l'ancien culte. »

Beaucoup plus tard, Salvien (1) nous donne des renseignements précis sur l'esclavage chez les chrétiens convertis depuis longtemps. « La vieille institution, qui avait gâté l'ancien monde, florissait aussi dans le nouveau et nous voyons que le christianisme n'y avait pas changé grand'chose. » M. Boissier emprunte, avec beaucoup d'à-propos, un passage curieux à Paulin de Pella ; ce grand seigneur, entré dans les ordres sur ses vieux jours, écrit : « Je respectai toujours la pudeur. Je me contentai de l'amour des femmes esclaves qui étaient au service de ma maison. » De cette façon « il ne commettait pas de crime et sauvait sa réputation » (2).

Les empereurs chrétiens furent toujours entourés d'eunuques ; d'où pouvait provenir leur sympathie pour ces personnages ? La question n'a jamais été examinée, mais il semble impossible de ne pas supposer que la faveur des eunuques se rattacherait souvent à des perversions sexuelles. Il s'agissait d'une mode nou-

(1) Tome II, p. 416.
(2) *N. N.* Les Pères reviennent très fréquemment sur ces pratiques, qui étaient regardées comme si naturelles que saint Jean Chrysostome se rend bien compte qu'il soutient un paradoxe quand il les combat. On paraît avoir considéré qu'un homme marié *usait de son droit de propriété,* sans commettre un adultère, quand il couchait avec son esclave (saint Augustin, sermon IX, 9 et sermon CCXXIV, 3).

velle et il semble que l'Eglise aurait pu la combattre avec efficacité, d'autant que cette mode était odieuse aux Romains ; on ne voit pas qu'elle ait gêné en rien ces usages nouveaux. L'ignoble Eutrope fut nommé consul par Arcadius; mais il devait sa fortune à Théodose, qui l'avait pris dans les derniers rangs des eunuques palatins et l'avait chargé de missions confidentielles concernant sa conscience (1) !

A l'origine, les chrétiens avaient parfois montré des allures révolutionnaires ; mais cela tenait aux tendances de la classe à laquelle ils appartenaient. On a cru souvent qu'il y avait eu un premier christianisme désireux de bouleverser la société romaine. Lorsque la clientèle de la nouvelle religion était en majorité formée de gens sans respectabilité, Celse pouvait écrire (2) que c'étaient des individus « sans patrie, ni traditions antiques, ligués contre toutes les institutions civiles et religieuses, généralement notés d'infamie et se faisant gloire de l'exécration commune ». Il y a eu à cette époque des poètes chrétiens pleins de colère contre Rome, vomissant contre la reine du monde les malédictions

(1) A. Thierry, *op. cit.*, p. 83.

(2) Tome II, p. 346. — *N. N.* J'ai conservé ce passage sur la foi de M. Boissier; mais j'ai de grands doutes sur l'exactitude de ce renseignement; M. Boissier l'emprunte à la *restitution* du texte tentée par Aubé, qui me semble avoir ici un peu forcé la pensée de Celse et on sait que celui-ci exagère assez volontiers. Origène lui reproche plusieurs fois de prendre la partie pour le tout, en parlant des chrétiens (par exemple, *Contre Celse,* I, 27 et III, 49).

Il est très vraisemblable que la composition sociale de la communauté chrétienne était très variable.

des auteurs d'apocalypses juives ; on trouve un écho de cet état d'esprit dans les œuvres de Commodien. Mais (1) « pendant cette lutte de trois siècles que soutint l'Eglise, elle s'est plus d'une fois modifiée, elle a cédé à des résistances qu'elle désespérait de vaincre. » M. Boissier dit encore (2) : « Comme l'Eglise avait fait depuis longtemps des concessions importantes aux lois et aux usages de la société, la transition d'un régime à l'autre s'est accomplie sans trop de violence. »

Il fallait gagner les classes moyennes (3) : « une doctrine ne peut pas se contenter d'avoir le peuple pour elle » ; or pour pénétrer (4) « dans les classes bourgeoises et aristocratiques, devenues si solidement romaines dans tout le monde occidental, » il fallait devenir « romain comme elles ».

Cette transformation est attestée par beaucoup de documents.

Tertullien, dans son livre sur l'idolâtrie, se montre exigeant et subtil ; il voudrait séparer complètement les chrétiens de la société profane. Son contemporain Minucius Félix, dans son célèbre dialogue l'*Octavius*, écrit vers 215, cherche au contraire à atténuer les difficultés que présente la nouvelle religion ; Renan le compare (5) au prédicateur de Notre-Dame faussant son symbole pour le rendre acceptable : « Faites-vous

(1) Tome II, p. 348.
(2) Tome II, p. 385.
(3) Tome II, p. 151.
(4) Tome II, p. 348.
(5) *Marc-Aurèle*, p. 403, — passage cité par M. Boissier (Tome I, p. 285) qui me semble partager cette appréciation.

chrétien sur la foi de ce pieux sophiste, rien de mieux ; mais souvenez-vous que tout cela est un leurre. Le lendemain, ce qui était présenté comme accessoire deviendra le principal. »

Minucius Félix reconnaît que les chrétiens ne participent point aux fêtes publiques, ne vont pas au théâtre, ne veulent accepter aucune magistrature ; mais il cherche à faire voir aussi que ses coreligionnaires ne vivent point d'une manière isolée, qu'ils peuvent très bien remplir des professions libérales et se conduire à peu près comme tout le monde.

Au commencement du règne de Dioclétien, les choses ont bien changé; le concile d'Elvire permet aux chrétiens d'occuper des charges municipales ; il leur est seulement interdit d'être flamines, à cause des sacrifices auxquels ces fonctionnaires participent.

Mais il est une institution sur laquelle il semblait impossible de transiger : l'Eglise s'était prononcée si formellement contre les jeux qu'on devait s'attendre à les voir disparaître rapidement ; les empereurs persécutent les païens, interdisent les sacrifices et laissent démolir les temples ; mais ils ne suppriment pas les jeux. Gratien, qui fit enlever la statue de la Victoire et qui agissait en tout sous l'inspiration de saint Ambroise (1), rétablit les combats d'athlètes en Afrique et déclare qu'il faut pousser le peuple à manifester sa joie dans les jeux publics. Les jeux continuent à être une obligation pour certains magistrats et les empereurs chrétiens « finirent (2) par imposer des peines à ceux qui manquaient à ce devoir. »

(1) Tome i, p. 82.
(2) Tome ii, p. 169.

Les sermons de saint Augustin montrent que l'Eglise ne parvenait pas à faire disparaître les usages qui lui étaient odieux (1). « Aux calendes de janvier, ils s'envoient des étrennes comme font les idolâtres ; aux Saturnales ils se travestissent ; surtout ils ne veulent pas renoncer au théâtre et au cirque. Que de fois n'est-il pas arrivé que lorsque Augustin est monté en chaire un jour de fête, il a trouvé l'église vide ? Son auditoire était allé entendre les mîmes ou voir les courses de chars. Il se plaint, mais ne corrige personne (2). »

Les chrétiens réprimandés par saint Augustin lui répondaient : « Nous sommes chrétiens à cause de la vie éternelle et païens pour les agréments de l'existence de ce monde. » Ainsi on avait bien la claire conscience de la *dissociation entre les principes métaphysiques de la morale religieuse et les règles de la vie pratique.* Ce n'est pas le christianisme qui avait créé ce singulier état d'âme, qui semble paradoxal au premier abord ; il suffit de rappeler les incohérences souvent relevées dans la vie de Sénèque pour se rendre compte de cette anomalie qui devait, plus tard, prendre un si grand développement.

Plus d'une fois des chrétiens intransigeants avaient supporté le martyre pour ne pas rendre à l'empereur

(1) Tome ii, p. 321.

(2) Au moment de l'exil de saint Jean Chrysostome, ses adversaires parvinrent à faire nommer à Antioche un de leurs partisans ; on fit l'élection pendant que le peuple était aux jeux de Daphné « où l'on faisait passer en revue sous les yeux des spectateurs la vie et les travaux d'Hercule, avec force courses hippiques et luttes de pugilat. » (A. Thierry, *Saint Jean Chrysostome,* p. 378.)

des honneurs réprouvés par leur doctrine, mais tout change avec le temps (1). Presque partout les statues du prince continuent à être l'objet d'un culte ; on allume des lampes devant elles. A la cour l'étiquette est restée jusqu'à la fin païenne. On persistait à faire ce qu'on avait toujours fait, et l'habitude empêchait de remarquer des anomalies de langage dont nous sommes aujourd'hui choqués. L'Eglise se soumettait aux conditions de la vie sociale, au lieu d'imposer des idées nouvelles.

On pourrait s'imaginer que les empereurs chrétiens ont dû s'empresser de régler la question du mariage suivant les principes du Nouveau Testament ; Zachariæ pense (2) qu'il n'en fut pas ainsi. « L'influence du christianisme, dit-il, sur la manière d'envisager les rapports naissant du mariage est très faible dans les constitutions des empereurs jusqu'à Justinien, même sur les points où les canons ont déjà dégagé et mis en relief l'idée chrétienne. Il était réservé aux empereurs subséquents qui ont été gratifiés du nom très méprisant d'iconoclastes (3), d'introduire une législation

(1) Tome II, p. 221.

(2) Zachariæ, *Histoire du droit privé gréco-romain*; trad. franç., p. 3.

(3) *N. N.* Cette époque est appréciée par les catholiques plus favorablement qu'elle ne l'était il y a quelques années M. Bayet, qui est un ami de l'Eglise, défend les Iconoclastes ; il pense qu'ils infusèrent « à la civilisation hellénique une vie nouvelle qui allait lui assurer encore quelques années de puissance et de gloire » et que l'art fut en progrès de leur temps (*L'art byzantin*, p. 113). Trois choses sont à noter : 1° les Iconoclastes voulurent réformer les abus du mona-

chrétienne sur le mariage ; et cette partie de leur législation est digne d'attirer l'attention, bien que, sous les dynasties suivantes, elle ait en grande partie disparu. » Sous ces empereurs les troisièmes noces sont punies par la loi (1), le divorce devient très difficile, le concubinat cesse d'être un état reconnu de l'union sexuelle licite. (*Voir note finale* C.)

Saint Jérôme nous permet de nous rendre compte de ce qu'était la vie conjugale chez les chrétiens de son temps ; je reproduis quelques traits de son tableau d'après A. Thierry. Le docteur compare la vie de la vierge à celle de la femme mariée et veut faire ressortir la supériorité de la première (2) : « Croit-on que ce soit la même chose pour une chrétienne de dompter son corps par le jeûne, de s'humilier jour et nuit dans la prière, aux pieds de Dieu, ou de se fabriquer un visage en attendant un homme, de s'étuo   à une démarche molle, à des attitudes voluptueuses, d'affecter des airs caressants ? » La femme est surchargée d'occupations ; les enfants sont agaçants ; mais ce qui est surtout cho-

chisme et les superstitions qu'il engendrait *(Op. cit.*, p. 107) ; 2° il y eut alors une renaissance chrétienne assez intense ; 3° la cause primordiale du mouvement pourrait bien être l'islamisme ; ce ne serait pas le seul exemple de l'influence musulmane sur la société chrétienne.

(1) Saint Jérôme, peu favorable d'ailleurs, au mariage, était fort opposé aux secondes noces qui lui semblent indiquer un trop grand penchant vers la sensualité (A. Thierry, *Saint Jérôme*, p. 150). Cf. Zachariæ, *op. cit.*, p. 23.

(2) A. Thierry, *Saint Jérôme*, p. 147. L'idée que les théologiens se sont faite du mariage est généralement peu relevée : avoir des enfants et calmer l'ardeur des sens.

quant c'est ce qui se passe dans les fêtes : « Les victimes publiques de la débauche ont aussi leur place dans les festins ; elles y apparaissent presque nues sous des vêtements qui n'en sont pas et s'étalent honteusement à des regards impudiques. » (*Voir note finale* D.)

Saint Jérôme est tout heureux d'apprendre aux habitants de Rome que la vie des couvents palestiniens a permis aux jeunes filles de l'aristocratie de trouver enfin une existence douce, calme, bien plus joyeuse que la vie mondaine (1). « Elles qui ne pouvaient monter un escalier, pour qui un vêtement de soie était une lourde charge et la chaleur du soleil un incendie, couvertes maintenant de vêtements sombres et presque négligés, elles mettent la main aux plus gros ouvrages. » M. Boissier dit aussi (2) : « Le couvent leur donnait ce qu'elles ne trouvaient pas toujours dans le mariage. Il nous semble une servitude ; elles le regardaient comme une émancipation. »

Ici nous saisissons une création chrétienne originale, dont l'importance fut grande : la vie religieuse est opposée à la vie mondaine, non seulement comme plus — parfaite théoriquement, mais aussi comme plus heureuse. Le problème du bonheur par la sagesse était posé depuis bien longtemps dans la société romaine (3) : « L'école d'Epicure professait qu'il est insensé de compromettre son repos dans les agitations des affaires et les embarras des honneurs... Cette sagesse égoïste indigne Cicéron... Sénèque parle d'un sénateur, Ser-

(1) A. Thierry, *Saint Jérôme*, p. 287.
(2) Tome II, p. 365.
(3) Tome II, p. 358.

vilius Vatia, qui s'était enfermé dans une belle maison de campagne, près de Baïes, où il vivait dans le repos et le plaisir. Il s'en montre fort scandalisé (1). »

Dans une société d'oisifs, de riches patriciens parasites nourris par une manne céleste, qu'y a-t-il de mieux à faire que de chercher une *vie sage ?* Sans doute, le plus grand nombre préfère la débauche, le luxe, l'apparat ; mais le vrai philosophe doit faire l'ana·lyse des émotions et saint Jérôme trouve que le vrai bonheur n'est pas à la ville. Une pareille thèse ne peut pas être vulgarisée par des discours ; elle doit être prouvée par des faits ; les premières communautés chrétiennes et plus tard les communautés monastiques ont opéré la démonstration par l'exemple ; c'est encore par le même procédé que les franciscains essaieront de convertir le monde au XIII\u1d49 siècle. *Les renonçants jouaient devant les séculiers un drame* dont l'effet est très puissant dans certains milieux.

L'erreur des docteurs chrétiens était de croire que les sentiments agissent de la même manière dans toutes les classes : leur expérience ne portait guère que sur les classes riches, oisives, affamées d'émotions nouvelles. Ce sont les femmes des familles aristocratiques,

(1) *N. N.* Pour Cicéron, la vertu de l'homme qui vit retiré des affaires est « une vertu de malade et de timide ». (Thamin, *Saint Ambroise et la morale chrétienne*, p. 199.) Renan dit qu'à Rome chacun était tenu d'ambitionner les places qui convenaient à son rang *(Les Evangiles*, p. 233). Parmi les crimes que l'on reprochait à Sénécion, sous Domitien, il y avait celui de n'avoir sollicité aucune charge après avoir exercé la questure. (Dion Cassius, LXVII, 13.)

élevées dans le luxe le plus délicat, qui se montrent les plus ardentes propagatrices de la pauvreté et de l'ascétisme ; ce sont elles qui trouvent le plus de bonheur dans cette vie qui semble si dure au public ignorant (1). Saint Jérôme (comme plus tard saint François d'Assise) était dupe de sa psychologie insuffisante ; il ne connaissait pas les vrais mobiles émotionnels des pénitentes illustres qu'il a célébrées.

Il n'est pas probable que les anciens Pères aient jamais espéré transformer l'Empire en une immense Thébaïde ; ils se rendaient parfaitement compte qu'une vie chrétienne parfaite exige une sélection rigoureuse, qu'elle ne peut être menée que par une minorité privilégiée et qu'elle a besoin pour se développer d'une société civile capable de nourrir et de protéger les saints. Mais ils pensaient que cette minorité pouvait exercer une influence heureuse sur les mœurs romaines.

La vue de ces moines pauvres, humbles, mais joyeux, devait servir à montrer ce qu'avaient d'incohérent les usages consacrés. Pourquoi se rendre esclave de ces usages du monde, de ces traditions païennes, puisque le bonheur parfait est l'apanage de ceux qui ont reçu la grâce de vivre suivant un système diamétralement opposé ? Sans aller jusqu'aux excès du monachisme

(1) *N. N.* Il me semble résulter d'un passage bien connu de saint Augustin *(De opere monachorum,* 25) que les pauvres devenus moines se montraient moins dociles aux règles que les riches. « Il ne convient pas que dans les monastères où l'on voit des sénateurs se faire ouvriers, des ouvriers demeurent oisifs, que là où viennent les propriétaires du sol après avoir abandonné toutes les délices de la vie, des paysans fassent les délicats. »

oriental, les hommes, obligés de rester dans le monde, pourraient se convaincre de deux choses : 1° la vie ancienne donne plus de tracas que de véritables joies ; elle est fondée sur des préjugés et des illusions ; — 2° la *réforme partielle* des mœurs est facile, puisque la *réforme totale* ne présente point de sérieux embarras, lorsqu'on a la bonne volonté.

En fait les moines chrétiens des premiers siècles ne furent pas plus heureux dans leurs tentatives de réformes que ne furent plus tard les franciscains : les mœurs ne changèrent point. Machiavel dit que les disciples de saint François et de saint Dominique parvinrent seulement à persuader au peuple qu'il fallait vivre soumis et s'en rapporter à Dieu pour la punition des méfaits (1) ; « d'où il suit, dit-il, qu'on voit les prélats s'abandonner, le plus qu'ils peuvent, à leurs penchants criminels, parce qu'ils ne craignent point un châtiment qui ne frappe pas leurs yeux et auquel ils ne croient point. »

L'influence émotionnelle produite par le *drame monacal* est loin, d'ailleurs, de produire les effets qu'en espéraient les anciens mystiques. S'il est facile d'arriver au bonheur par les procédés qu'ils indiquent, ces pratiques ne permettent pas de rester dans un état intermédiaire ; presque toujours les positions moyennes sont instables et profondément douloureuses. Avant d'arriver à la période de la joie, du divin amour, de la paix profonde en Dieu, il faut parcourir une voie

____

(1) Machiavel, *Discours sur Tite-Live,* livre III, chap. 1. Il dit que cette réforme a régénéré la religion et la maintient encore de son temps.

parfois très pénible : lorsque la constitution du sujet offre une sérieuse résistance, il existe une période de trouble caractérisée, d'ordinaire, par ce que les auteurs appellent les tentations de damnation ; tous les récits que l'on possède sur cet état laissent une impression singulièrement triste ; les malheureux ressemblent alors, d'une manière à peu près complète, aux délirants persécutés. (*Voir note finale* O.)

[Il (1) existe des analogies très remarquables entre la *voie mystique* et le chemin que parcourent les malades atteints du délire chronique à évolution systématique ; ceux-ci atteignent la folie des grandeurs après avoir traversé celle de la persécution ; les premiers subissent une période de souffrances, de tentations, d'obsessions et parfois même de possessions avant d'arriver à la vie vraiment spirituelle. Le P. Surin, auquel il est très essentiel de recourir en ces matières parce qu'il avait l'expérience personnelle de ces états, dit (2) que l'âme parcourt trois moments : 1° tout d'abord elle s'avance vers Dieu par la voie de l'oraison et de la mortification ; 2° ensuite Dieu commence à opérer et les épreuves commencent ; 3° Dieu introduit « l'âme dans le paradis qu'on peut espérer sur terre et qui consiste en une si grande union avec lui et dans un tel commerce d'amour que le monde n'en a presque aucune idée ; la vie est alors très sainte et très heureuse (3). »

(1) Ce passage entre crochets a été ajouté pour mieux faire comprendre le texte primitif.

(2) Surin, *Lettres inédites* (1845), pp. 71-73.

(3) Dans ses *Lettres spirituelles* on trouve deux notices d'un haut intérêt sur une dame Duverger et sur Madeleine

Mais il faut ajouter que peu de personnes sont capables de parcourir cette voie (qu'il paraît presque impossible de remonter) et que souvent *la deuxième période si douloureuse dure toute la vie*. Les ecclésiastiques éclairés s'efforcent de détourner de ces pratiques toutes les personnes qui ne leur semblent pas avoir des dispositions exceptionnellement favorables. Il s'agit, en définitive, d'exceptions et on ne pourrait espérer que tous les hommes atteignissent la vie spirituelle. Ainsi toute réforme sociale fondée sur la propagande mystique est absolument vaine ; c'est un *luxe dangereux*, parce que la mystique trouble gravement l'existence de ceux qu'elle ne rend pas étrangers aux conditions des forces humaines. Le monde ne vit pas uniquement pour la gloire, le bonheur ou l'extase de quelques saints ; la société est chose très prosaïque. Ce qu'il aurait fallu, c'est une réforme agissant sur la moyenne des hommes, au lieu de préceptes d'exception. Une réforme vraie aurait été d'ordre économique ; ces riches patriciennes qui protégeaient les couvents, étaient colossalement riches et leur fortune provenait d'exactions exercées sur les travailleurs ruraux : c'est à ceux-ci qu'il aurait fallu songer si on avait songé à l'avenir.]

Mais songeait-on à l'avenir ? Saint Jérôme semble être de tous les docteurs chrétiens celui qui a eu la plus claire

Boinet. Il est bon de consulter ce qu'il a écrit sur ses exorcismes de Loudun dans le *Triomphe de l'amour divin* et dans l'*Histoire abrégée*. On n'aurait qu'une idée très insuffisante du sujet par les livres de M. Legué : *Urbain Grandier et les possédées de Loudun* et *Sœur Jeanne des Anges, supérieure des Ursulines de Loudun*.

conscience de la portée des doctrines ascétiques : il ne croit pas à l'avenir du monde ; il croit fermement à la fin prochaine ; c'est pour une catastrophe imminente et inéluctable qu'il faut nous préparer ; dès lors on conçoit qu'il n'y ait pas lieu de se préoccuper des réformes économiques. Prêchant la supériorité du célibat sur le mariage, il disait : « les nécessités de l'ancienne loi ont passé ; d'autres temps sont venus, dont l'Ecriture a pu dire : Malheur à ceux qui enfanteront et allaiteront dans ces jours-là... Le monde est plein et la terre ne nous contient plus... Les élus, dans ces sombres jours, sont ceux qui suivent l'Agneau et qui paraîtront devant lui sans avoir souillé la blancheur de leur vêtement ; ce sont ceux qui sont restés vierges. » (*Voir note finale* E.)

Ainsi, il n'y avait plus à s'occuper que de soi ; et A. Thierry ajoute (1) : « Il y avait dans ces paroles une sinistre prophétie qui se lisait d'ailleurs au front de cette société maladive : la fin prochaine des anciennes conditions où le monde avait vécu jusqu'alors ; mais quels remèdes proposait-on pour retarder le dénoûment ! » Aucun naturellement.

Le christianisme venait donc constater que le système ancien n'était pas viable ; il mettait en évidence l'absurdité de la vie romaine ; mais après avoir fait comprendre l'incohérence qui existait dans la société, il ne donnait aucune solution, et il concluait à la destruction de toute société humaine possible.

(1) A. Thierry, *Saint Jérôme*, p. 150.

IV

Les mœurs du clergé.— Le parasitisme littéraire. — L'éducation
classique et ses conséquences. —La corruption de l'intelligence
par le système d'éducation adopté dans les corps ecclésiastiques.

On connaît assez bien les mœurs du clergé chrétien
sous l'Empire romain : tous les documents s'accordent
pour représenter ces mœurs comme déplorables ; il
semble à peine nécessaire d'insister sur ce point, tant
il est connu.

La rapacité des prêtres donna lieu à des lois célèbres, dont il est souvent question dans les discussions
du IVe siècle. Valentinien Ier déclare nuls toute dona-
tion entre vifs ou tout legs testamentaire faits à des
ecclésiastiques (1). Le pape Damase fit lire ce document dans toutes les églises de Rome : mais les lois
ne gênent pas beaucoup les hommes ingénieux ; on
trouva des moyens pour tourner les difficultés en faisant léguer les biens des gens charitables aux pauvres ;

(1) Saint Ambroise se plaint de ce que les prêtres chrétiens
sont ainsi moins bien traités que les païens. Saint Jérôme
fait observer, avec sa fougue ordinaire, qu'on a dû créer,
pour le clergé chrétien, un état d'indignité qui le met au-
dessous des cochers, des comédiens, des prostituées.

mais les pauvres ont toujours eu bon dos et on faisait
main basse sur leur patrimoine...« Les ecclésiastiques,
les évêques eux-mêmes, dit A. Thierry (1), n'y mettaient pas grande façon, habitués qu'ils étaient à considérer les biens de l'Eglise comme les leurs propres.
L'histoire des conciles est remplie à ce sujet des
accusations et des faits les plus graves. »

D'ordinaire on s'est borné à attribuer ces abus, à la
richesse du clergé et souvent des réformes furent ten-
tées pour le ramener à un état de pauvreté évangélique:
ces tentatives ont toujours échoué.

A mon avis, la question est d'un ordre plus élevé ;
je crois qu'il faut chercher une explication qui nous
rende compte de l'insuccès de tous les efforts tentés
pour amener une réforme ; cette étude va nous amener
à reconnaître une des causes les plus sérieuses de la
corruption des classes éclairées. *Le parasitisme du
talent littéraire* n'a pas cessé de sévir sur l'Europe et
il ne semble pas sur le point de disparaître ; il ne
change pas autant de formes qu'on pourrait le
croire (2), car il est entretenu par une tradition très
puissante, qui maintient des principes d'éducation très
anciens et très singuliers.

Ici, encore, le christianisme n'a rien innové ; il a
trouvé un système d'éducation très pernicieux, il l'a
conservé et perfectionné ; l'Eglise a donné une forme

(1) A. Thierry, *Saint Jean Chrysostome*, p. 32. Saint
Jean recommande aux femmes charitables de ne pas faire
passer leurs aumônes par les mains des prêtres.

(2) C'est ainsi que M. Boissier signale au IVe siècle le
type de l'abbé du XVIIIe siècle. (Tome II, p. 191.)

définitive et une organisation cohérente à des éléments
qui n'avaient pas encore reçu leur complet développement au temps du paganisme.

M. Boissier s'occupe beaucoup de l'éducation romaine ; il s'étonne « que (1) jusqu'au dernier jour le
paganisme [ait] régné dans l'école et que l'Eglise,
pendant une domination de deux siècles, [n'ait] pas
eu la pensée ou le pouvoir de créer une éducation
chrétienne. » Il y a là un phénomène de conservation
qui, tout d'abord, semble étrange et que M. Boissier
a bien fait ressortir (2). « De littérature entièrement
— originale et qu'il ait toute tirée de lui-même, le christianisme n'en a jamais eu. »

Le prétendu art chrétien ne se distingue pas non
plus de l'art païen ; on voit les peintres représenter (3)
« des scènes de vendanges, des génies ailés qui portent des cornes d'abondance ou des thyrses, les Sai-
sons avec leurs emblèmes, Eros et Psyché enlacés ensemble, des Fleuves gravement couchés parmi les
roseaux, etc. » On sait que l'on a discuté longtemps
sur l'époque des décorations de Sainte-Constance : on
croyait être en présence d'un temple de Bacchus et
c'était un mausolée chrétien, décoré à l'époque chrétienne. On changeait quelques personnages dans les

(1) Tome i, p. 218.
(2) Tome ii, p. 429.
(3) Tome ii, p. 44. M. Boissier observe que le vᵉ siècle
ressemble beaucoup à la Renaissance. « L'évêque Ennodius
n'a-t-il pas introduit dans un épithalame Cupidon qui fait
l'éloge des moines et des religieux ? Je ne crois pas que les
poètes de la Renaissance aient rien imaginé de plus singulier. » (Tome ii, p. 430.)

combinaisons classiques et tout était dit. Du temps de saint Jérôme (1) les femmes chrétiennes portaient sur leurs corsages des scènes brodées de l'Ancien Testament, tandis que les païennes avaient des figures d'Adonis et de Vénus.

Quelques auteurs ont reproché à Prudence et à ses amis d'être restés trop classiques ; mais M. Boissier estime que si un art plus original s'était produit, il aurait eu peu de succès (2) ; « pour attirer les gens du monde au christianisme, il fallait le leur présenter sous la forme et sous les ornements auxquels ils étaient habitués. » Le christianisme tenait essentiellement à ne point passer pour une religion propre à la lie du peuple ; dans l'*Octavius* (3), ce reproche est vivement relevé : l'auteur prétend que ses coreligionnaires ne sont pas un ramassis de pauvres, d'illettrés, de gens sans naissance et sans instruction.

M. Boissier a bien montré combien le christianisme a eu de peine à gagner sa cause auprès des lettrés ; Lactance (4) n'a que du mépris pour un polémiste tel que Tertullien, aujourd'hui si admiré. Du temps de saint Augustin (5), les païens traitaient encore les chrétiens d'ignorants et de sots.

La toute puissance du formalisme littéraire est bien accusée par les deux faits suivants. Saint Augustin (6) a cherché à prouver que le prophète Amos et

(1) A. Thierry, *Saint Jérôme*, p. 12.
(2) Tome II, p. 151.
(3) Tome I, p. 285.
(4) Tome I, p. 206.
(5) Tome II, p. 376.
(6) Tome I, p. 211.

saint Paul ont écrit suivant les principes de la rhétorique ! Le poète Prudence a jugé utile de refaire le plaidoyer de saint Ambroise contre Symmaque, à propos de l'autel de la Victoire ; à cette époque la question n'offrait plus qu'un intérêt historique ; mais les lettrés trouvaient que le mémoire de Symmaque était d'un meilleur style et à ce stade d'ultime décadence la poésie était restée la seule production littéraire vraiment goûtée par tout le monde (1). On retrouve encore ici, l'effort accompli par l'Eglise pour se conformer aux conditions reçues de la vie des classes riches.

Lorsque l'empereur Julien voulut forcer les chrétiens à vivre sur leur fonds propre, il y eut des protestations unanimes (2) : saint Grégoire répondit que la littérature grecque était le patrimoine de la population hellénique tout entière.

Quand le christianisme eut triomphé, on conserva les mêmes méthodes d'enseignement par habitude (3), pense M. Boissier ; mais ce n'est pas là une explication suffisante, car l'habitude est fondée sur des conditions de la vie sociale et ce sont ces conditions qu'il importerait de déterminer.

Il nous faut chercher quel était le caractère fondamental de l'éducation à Rome ; ce caractère doit être tiré de la fin qu'on poursuivait. Cicéron demande

______

(1) Tome ii, page 146. Ce phénomène est, d'ailleurs, général. Dans toutes nos villes de province nous avons foison de poètes, qui ne sont pas tous ridicules, mais qui auraient bien de la peine souvent à écrire une page de prose raisonnable.

(2) Tome i, p. 130.

(3) Tome i, p. 214.

que l'orateur, avant de se livrer à la pratique de son art, ait tout étudié, tout connu, le droit, l'histoire, la philosophie, les sciences ; et M. Boissier ajoute (1) : « C'est le principe même de l'éducation moderne que nous avons tant de peine à défendre aujourd'hui contre ceux qui veulent imposer une spécialisation hâtive. » Cette éducation encyclopédique, entreprise sans but, est une véritable insanité ; ce que demandent les novateurs c'est que la jeunesse soit préparée aux luttes réelles de la vie économique ; ils ont pleinement raison, au moins en principe ; ils ne veulent pas spécialiser hâtivement les enfants, mais meubler leur cervelle de souvenirs qui leur servent plus tard.

Quintilien avait reconnu, dans sa pratique de professeur, que l'instruction encyclopédique n'a pas le sens commun et ne peut servir qu'à fatiguer les enfants ; il pose un principe qu'on n'avait pas encore dégagé et il dit que tout doit être subordonné à la rhétorique, puisque le but de l'éducation est de former des argumentateurs.

M. Boisseir déplore que les Romains n'aient pas eu d'enseignement scientifique ; mais quelle espèce de science auraient-ils apprise et dans quel but ? La curiosité scientifique va de pair avec le bel esprit et Trissotin dissertait sur les comètes avec autant de verve que sur la littérature : *pas de science sérieuse et profitable pour la culture intellectuelle, là où il n'y a pas d'industrie* (2) ; or cette condition fondamentale manquait dans la société romaine.

(1) Tome I, pp. 186-188.

(2) *N. N. M. P.* Lacombe dit que « le grand fait de l'histoire moderne et probablement le fait le plus important de

Les écoles de rhétorique étaient prospères ; les professeurs étaient des personnages considérables, fort respectés, qui arrivaient souvent aux premières charges de l'Etat et que la bonne société recherchait. M. Boissier observe que ces rhéteurs surent garder une certaine indépendance à une époque où les questions théologiques devenaient si prépondérantes (1). « Ils restent païens comme ils l'étaient et sont aussi muets que Macrobe sur les chrétiens et sur le christianisme : ne dirait-on pas qu'ils semblent croire qu'il n'y a rien de changé dans l'empire depuis Constantin ? »

Pourquoi l'Eglise aurait-elle changé quelque chose au système établi ? J'avoue ne pas trouver de raisons pour ce changement. Son but était de former des hommes de talent, capables d'argumenter, d'une manière subtile, contre des erreurs métaphysiques ; elle ne pouvait pas mieux faire que de suivre l'exemple des Romains, qui avaient excellé dans ce genre. Aujourd'hui les beaux discours théologiques qui faisaient l'admiration des hommes du XVIIᵉ siècle, nous sem-

toute l'histoire est la détermination du mouvement scientifique sous l'influence de l'excitation économique ». *(De l'histoire considérée comme science*, p. 360.) Les Romains ne traduisirent aucun grand ouvrage scientifique grec ; mais on a traduit trois fois le poème d'Aratus sur le cours des astres (p. 357). Au Moyen-Age on fait de la prédication, de la morale, de la dispute théologique ; la science est laissée de côté ; pas besoin de sciences physiques quand on ne s'occupe que de l'âme ; l'alchimie et la médecine de ce temps n'ont aucun caractère scientifique (pp. 363-364).

(1) Tome II, p. 220.

blent singulièrement vides et froids : on sourit en
disant : « ce sont des histoires de séminaires. » C'est
que la participation à la vie industrielle est beaucoup
plus active qu'autrefois et nous ne pouvons plus prendre
bien au sérieux les combinaisons les plus irrépro-
chables des logiciens et des utopistes.

M. Boissier observe très justement (1) que la méthode des Romains n'est pas sans danger ; l'orateur
s'occupe, en effet, de convaincre et non de démontrer;
il s'appuie sur des principes douteux ; la jeunesse
risque de perdre le sentiment et le goût de la vérité.
Ces défauts ne sont que trop marqués dans les livres
de Tertullien et de saint Augustin; tout le Moyen-Age,
nourri de cette belle tradition, reste fermé à toute tentative scientifique et argumente sans aucun souci du
réel (2); on a souvent signalé l'influence funeste exercée
sur l'esprit français par le classicisme, dont nous avons
tant de peine à nous dégager.

L'enfant ne sait pas observer ou bien il observe mal;
il faut donc lui communiquer des habitudes d'observation ; et cela devrait être la principale préoccupation
du maître. Par suite de ce vice naturel, nous avons une

(1) Tome I, p. 189.

(2) *N. N.* M. P. Lacombe me paraît juger fort sagement
tout le fatras des anciennes Universités : « En dépit de certaines apparences abstruses, le raisonnement théologique ou
ontologique sur Dieu, sur l'âme, sur la création des corps, est
peu pénible ; la paresse et l'indocilité naturelles à l'esprit
humain furent d'accord avec les intérêts de l'orgueil intime
et de la réputation extérieure... contre la tentation de la
culture scientifique, qui est en général si faible. » *(Op. cit.*
p. 362.)

tendance constante à voir mal les principes, à nous leurrer de fausses raisons, à nous contenter d'explications vulgaires et anti-scientifiques. Mais l'éducation classique développe, dans une énorme proportion, ces défauts de notre nature et nous pouvons atteindre un état que j'appelle *état de dissociation idéologique*, dans lequel nous avons perdu le sens de la réalité des choses. Quand l'éducation est dirigée vers un but pratique, quand elle a pour objet de nous mettre à même d'occuper une place dans la vie économique, ce résultat déplorable ne peut être atteint d'une manière complète.

Il est à peine besoin de rappeler que cette dissociation ne peut se maintenir chez les esprits cultivés que par l'action émotionnelle : c'est pourquoi on cherche à développer, d'une manière artificielle, l'aversion pour tout ce qui n'est pas conforme au système. Les jésuites ont toujours attaché une grande importance à la conservation du *bon goût littéraire;* l'Université suit leurs traditions. Depuis quelque temps, on trouve cette sauvegarde insuffisante et on prêche aux jeunes gens un prétendu idéalisme, la philosophie du cœur et autres balançoires, qui n'ont d'autre but que de troubler l'exercice de leur raison ; on espère que les émotions ainsi produites seront assez fortes pour enrayer la recherche scientifique et préserver la nouvelle génération du socialisme.

Pour faire un bon argumentateur, il faut dresser l'esprit à ne raisonner jamais sur des choses réelles ; *les sujets de dissertation seront d'autant meilleurs qu'ils seront plus absurdes;* les professeurs du ve siècle s'entendaient très bien à ce genre d'exercices ; au temps de Théodoric l'élève (1) « attaque l'audacieux qui en récompense de ses hauts faits demande qu'on lui permette d'épouser une vestale ou s'emporte contre l'impie qui a commis le crime de porter une statue de Minerve dans un mauvais lieu. » Les jésuites n'ont jamais été plus forts que les rhéteurs de cet heureux temps.

Il importait peu à l'Eglise que les écoles conservassent leurs formules païennes ; l'expérience lui avait prouvé que cet enseignement n'avait aucune influence directe ; que les thèses morales, religieuses ou politiques, posées d'une manière classique, n'étaient que des jeux d'esprit et des exercices dialectiques. Mais elle jugeait ces exercices excellents pour habituer les jeunes gens à la dissociation idéologique. De nos jours quelques auteurs catholiques ont protesté, encore, – contre le paganisme des collèges ; les chefs autorisés de la hiérarchie ont défendu, avec une extrême énergie, les méthodes consacrées par les traditions.

A l'origine les Romains sérieux n'avaient pas vu s'introduire ces étranges méthodes sans quelque regret : on appelait les écoles des rhéteurs, écoles d'impudence et de sottise (2) ; et vraiment les gens qui – parlaient ainsi, n'avaient pas tort. L'Eglise en adop-

______

(1) Tome I, p. 216.

(2) Tome I, p. 193. Les sujets traités au temps de Tacite (*Dialogue sur les orateurs*, XXXV) sont aussi absurdes que du temps d'Ennodius : récompenses des tyrannicides, alternative laissée aux filles déshonorées, etc. — *N. N.* **M.** Boissier dit que l'on choisissait de préférence des sujets extravagants pour donner aux élèves l'occasion de mieux montrer leur finesse d'esprit (p. 189).

tant le système reçu se préparait de cruels déboires ;
ses écoles devaient engendrer des hérésies sans nombre et lui fournir des sujets qui la déshonoreraient. Pendant des siècles les autorités ecclésiastiques ont lutté
contre les désordres des clercs ; aucun remède efficace
n'a pu y être apporté ; c'est que l'enseignement donné
aux jeunes gens rendait leur direction particuliè-
rement difficile.

La dissociation idéologique non seulement rend les
sophismes facilement acceptables, mais empêche
d'exercer toute critique sur nos opérations intellectuelles ; elle est donc très favorable à cette inversion
des fonctions électives qui nous permet de justifier tous
nos actes. Elle développe un égoïsme monstrueux qui
subordonne toute considération aux désirs de notre
appétit et qui nous fait apprécier les ressources mises
à notre disposition comme un faible tribut rendu à
notre talent. Dans le milieu économique, nous pouvons
réclamer une part égale socialement à notre *travail ;*
mais par la dissociation idéologique nous sortons du
milieu économique : nous réclamons une part en
rapport avec notre *talent,* c'est-à-dire que nous prétendons prélever sur la production ce que nous apprécions
être en rapport avec la dignité de notre esprit.

Déjà bien des raisons entraînent l'homme à se faire
spoliateur en vertu du titre que lui concède son talent ;
mais l'éducation classique contribue à augmenter ce
vice ; elle constitue un milieu factice de beaux esprits
dans lequel le principe des droits du talent est accepté
sans contestation ; elle donne à ceux qui l'ont reçue,
un sentiment de leur supériorité qui les empêche de
voir la vraie nature des choses. Les aberrations pro-

duites par ce sentiment de supériorité ont donné lieu à beaucoup d'incidents comiques, utilisés par les poètes, qui font toujours rire en mettant en scène un orgueilleux parvenu (1).

De toutes les aristocraties, la plus perfide, la plus dure, la moins accessible aux conceptions scientifiques sur la société, est, sans aucun doute, l'aristocratie des talents : elle arrive à un degré tel de corruption intellectuelle qu'elle n'a aucun doute sur la légitimité de ses prélèvements.

Si un industriel peut quelquefois se demander dans quelle mesure ses profits sont proportionnels à son travail et établir une comparaison entre lui et les autres producteurs, rien de pareil n'est possible quand il s'agit de belles-lettres : comment mesurer la valeur d'un sonnet ? C'est une des raisons qui font tant mépriser le socialisme scientifique par les littérateurs, qui ne peuvent pas admettre qu'on puisse établir aucune proportion entre ce qui est noble et ce qui est vil. Une chose n'est vraiment et parfaitement noble que si elle n'a aucune influence, même très indirecte, sur

(1) On trouve dans saint Jérôme un portrait bien réussi du paysan devenu prêtre et courant les bons dîners : « En voici un qui est né dans la dernière indigence ; il a été élevé sous le chaume d'un paysan ; il pouvait à peine avec du millet et du pain noir apaiser les rugissements de son ventre, et ce même homme fait aujourd'hui le dégoûté... Il vous dira sur quel rivage ces huîtres ont été péchées ; il distingue à la saveur de la chair de quelle contrée provient un oiseau il ne fait cas que des mets rares. » (A. Thierry, *Saint Jérôme*. p, 162.

la production. Les sciences elles-mêmes ne sont donc pas d'une noblesse bien authentique.

L'exploitation des ressources sociales par les hommes de talent n'est possible que si la société a une constitution aristocratique donnant une place privilégiée aux amateurs des *choses purement intellectuelles.* Cette constitution a existé à Rome et nous a été transmise par la tradition ecclésiastique ; l'Eglise avait tout intérêt à maintenir ce principe, puisque ses clercs ne se battaient pas, ne travaillaient pas et n'apportaient à la société que des homélies, des hymnes et des dissertations théologiques. L'Eglise a donc été la grande protectrice des préjugés qui ont permis aux talents de prendre une si grande importance dans le monde. Souvent même on lui fait un mérite d'avoir élevé les hommes intelligents au-dessus des gens occupés aux œuvres purement industrielles.

A la fin de l'Ancien Régime la plus grande partie des biens ecclésiastiques était employée à entretenir les héros de collège, les auteurs qui ne trouvaient pas des moyens d'existence suffisants dans la vente de leurs livres. Après la Révolution on crut, un instant, que cette classe *si intéressante* allait disparaître ; elle s'est transformée ; mais elle est devenue beaucoup plus exigeante qu'autrefois ; nos hommes de lettres contemporains ne se contenteraient pas des modestes pensions qu'on donnait à leurs prédécesseurs.

La corruption inéluctable des hommes de plume n'a jamais été sérieusement discutée ; les écrivains de la Renaissance pratiquèrent avec une souplesse charmante l'art de se faire entretenir par les grands ; nos écrivains contemporains coûtent cher aux sociétés financières ; tous ne touchent pas directement de l'argent, mais presque tous ne peuvent rien que par les journaux qui encaissent régulièrement les *frais de publicité*. Ce sont là des industries qui ne disparaîtront pas facilement ; en tout cas, leur influence ne pourra diminuer que si les idées socialistes deviennent dominantes et amènent un changement dans les relations économiques : certainement ce ne sera pas chose facile et les *maîtres de l'esprit public* ne voudront jamais accepter, de bonne volonté, un régime qui ruinerait leur situation privilégiée.

V

L'*économie idéaliste* des Romains continuée par l'Eglise. — Le luxe des constructions. — L'aspect civique de la propriété antique disparaît.

Le grand vice des gouvernements anciens résidait dans l'emploi des ressources fournies par le travail agricole : on s'efforçait d'arracher à la terre le plus grand produit net possible : on rognait tant qu'on pouvait sur la ration du paysan et on dépensait royalement. L'aristocratie romaine a ruiné l'Italie (1) ; c'est un lieu commun : les empereurs s'ingéniaient à inventer de nouvelles subtilités fiscales pour pouvoir satisfaire les besoins du trésor public ; chez tous les auteurs on retrouve des plaintes au sujet de ces exigences ruineuses. Le christianisme n'a rien changé à cette politique.

Symmaque, malgré ses penchants optimistes, se plaint souvent (2) : « il nous fait voir que le fisc a tout

(1) Dans la Campanie on trouve 120.000 hectares sans une chaumière ; le désert de la campagne romaine existe déjà ; Gibbon estime que la moitié du genre humain avait disparu (Tome ii, p. 368).

(2) Tome ii, p. 193.

épuisé, que les riches sont à bout de ressources, que les fermiers n'ont plus d'argent pour payer les propriétaires et que la terre, qui était une source de revenus, n'est plus qu'une occasion de dépenses ».

Salvien s'élève avec violence contre les exactions du fisc ; il est vrai qu'il a une thèse à soutenir et qu'il entend prouver que la société romaine vaut moins que la nouvelle passée sous la domination des Barbares ; mais on doit observer qu'il aurait du entrer aussi dans son plan de montrer l'amélioration produite par le christianisme ; il ne le fait pas.

Que faisait-on de cet argent ? on ne l'employait pas à défendre le pays contre les invasions ; c'était de moins en moins la préoccupation des empereurs ; toute idée militaire était éloignée avec horreur; *jamais on ne vit un grand Etat répugner autant à la guerre.*

Les gouvernements de l'Ancien Régime étaient très chers (1); les dépenses auxquelles ils se livraient étaient presque toutes improductives : on faisait comme les fils de famille qui laissent leurs fermes se ruiner et dépensent tout le revenu en fêtes. Aujourd'hui, une part de plus en plus grande du budget est consacrée aux travaux publics : les sommes employées à faire des chemins vicinaux, des ports, des chemins de fer

(1) M. de Sybel estime que le budget de l'ancienne France était d'environ 880 millions, représentant proportionnellement 2 milliards 400 millions à l'époque où il écrivait, c'est-à-dire il y a une trentaine d'années. Il dit que les gouvernements modernes ont été moins exigeants ; — et ils ont fait beaucoup (*Histoire de l'Europe*; trad. franç., tome p. 39).

sont reproductives ; mais quelle est l'utilité du palais de Versailles !

Le palais de Versailles était une *œuvre royale* telle que la concevait la tradition ; les souverains asiatiques ne manquent pas de se faire un palais neuf et souvent même déplacent la capitale. Le chef est d'autant plus noble et plus digne qu'il *manifeste sa volonté* par des actes énormes et que ses sujets *manifestent leur soumission* par de plus grandes œuvres accomplies sous ses yeux. Aujourd'hui, les idées ont bien changé ; le roi Louis II de Bavière a été le dernier souverain comprenant l'*économie idéaliste* et notre siècle matérialiste l'a traité de fou ; jadis il eût été un grand prince.

Les Grecs et les Romains ont beaucoup sacrifié à ce principe ; mais chez les Athéniens cela ne tirait pas à conséquence ; des guerriers pauvres, aimant la vie pauvre, passant leur temps à s'entretenir des exploits de leurs ancêtres, toujours prêts à partir pour aller se battre, et se battant bien, ont consacré à élever quelques monuments merveilleux des *sommes d'argent gagnées avec leur sang.* A Rome c'est autre chose : on voit là se produire les insanités asiatiques ; à deux pas de la vieille campagne latine, où avaient vécu les héros de la conquête et qu'on laisse honteusement dépérir, on ne cesse de bâtir des édifices de luxe et on dépense des sommes énormes pour amuser et nourrir une populace de fainéants.

Ici nous trouvons un système complet d'économie qui va survivre à travers mille révolutions. C'est ce système que l'Eglise va conserver durant tout le Moyen-Age et qu'elle nous transmettra. Elle élève des constructions ayant pour objet de frapper fortement l'imagination, d'inspirer l'étonnement, de manifester la disproportion qui existe entre les œuvres qu'elle peut se permettre et les ressources du monde laïque. Renan, parlant des constructions d'Hérode, dit (1) qu'il « est inconcevable qu'un petit Etat ait pu suffire à de tels prodiges. » Les Juifs n'étaient pas très satisfaits de voir leur roi se livrer à de telles dépenses ; mais l'Eglise parvient à persuader à ses ouailles qu'elles doivent être fort heureuses de ce détournement des revenus vers des objets improductifs. Elle ne veut pas seulement que les choses qu'elle fait, soient *une marque de puissance ;* mais elle veut encore qu'elles soient *un témoignage de la servitude volontaire des fidèles.*

Taine a été frappé de ce manque d'harmonie et de raison qui éclate dans l'art pratiqué par l'Eglise et qui le sépare si nettement de *l'art civique des républiques grecques*, art si bien proportionné que ses œuvres ont pu sembler mesquines à quelques personnes. Je crois que Taine a fort mal jugé l'architecture gothique au point de vue technique, parce qu'il manquait d'une instruction scientifique suffisante pour l'analyser ; mais au point de vue auquel je me place en ce moment, il l'a fort bien comprise ; il a raisonné sur les sentiments qu'elle provoque dans les milieux qui s'en servent, dans les milieux ecclésiastiques.

Lorsque l'art gothique se fut pleinement développé, qu'il se fut dégagé des traditions primitives et des timidités du début, alors il devint un ramassis d'extravagances et la décadence marcha à pas de géant. On n'a

______

(1) Renan, *Histoire d'Israël*, tome v, p. 265.

peut-être jamais vu une pareille impuissance succéder à une jeunesse aussi virile (1) ; c'est qu'on voit très vite se manifester le besoin de faire de l'extraordinaire, du nouveau, pour effrayer les imaginations de gens étrangers à l'art. Après Notre-Dame de Paris il y a déjà une certaine lassitude et après Amiens la décadence est manifeste.

Ces âmes, dit Taine (2), « aspirent au gigantesque, couvrent un quart de lieue de leurs entassements de pierres, amoncellent les colonnes en piliers monstrueux, exhaussent les voûtes jusqu'au ciel, échafaudent clochers sur clochers dans les nuages. Il est visible qu'elles se proposent pour but une sensation extraordinaire, celle de l'émerveillement et de l'éblouissement. Aussi bien, à mesure que cette architecture se développe, elle devient plus paradoxale. »

La décoration des édifices a toujours été la grande préoccupation de l'Eglise et le clergé a encore à lutter, journellement, contre les architectes qui veu-

----

(1) On peut trouver dans l'art gothique la preuve que le facteur décisif est ici la *matière technique*. Dès que les architectes prétendent négliger les conditions constructives, sous prétexte d'exprimer des idées, de s'élever aux hauteurs sereines de l'art pur, ils tombent dans l'absurde. Taine a raison de dire que l'extravagance du gothique « atteste la grande crise morale, à la fois maladive et sublime, qui, pendant tout le Moyen-Age, a exalté et détraqué l'esprit humain ». (*Philosophie de l'art*, tome I, p. 97.)

(2) Taine, *op. cit.*; tome I, p. 94. Pour apprécier la *forme fondamentale* propre à la période gothique, Taine a raison de prendre les édifices du plein développement des XIVe et XVe siècles.

lent faire respecter les monuments. Les prêtres et les —
artistes ne peuvent arriver à se comprendre, parce
qu'ils se placent à des points de vue opposés ; les uns
et les autres cherchent à satisfaire les sentiments de
certains milieux dont les tendances sont incompatibles
entre elles. Les ecclésiastiques savent que leur milieu
demande des objets de luxe ; plus ce luxe est éblouis-
sant, plus les choses sont rares et chères, plus leur
public est satisfait ; ce n'est pas le beau, mais l'*extraordinaire* qui plaît à ce monde.

Bien des hommes éminents de l'Eglise ont essayé
de combattre ces procédés, qui leur semblaient en
contradiction absolue avec l'Evangile ; mais tous ont
échoué et devaient échouer (1).

Les auteurs des traités d'archéologie chrétienne
nous apprennent quel luxe extraordinaire on déploya
dans les églises chrétiennes du ive siècle, à une époque
où l'Empire avait tant besoin de ressources : c'est *le* —
luxe stupide des parvenus : en voici quelques exemples. Au baptistère du Lateran (2) : une piscine de

(1) *N. N.* Saint Jérôme recommande la simplicité dans les
églises et voit dans le luxe qu'on y déploie, une survivance
des idées juives, une inconséquence de la société chrétienne. (Thamin, *Saint Ambroise et la morale
chrétienne,* p. 408.) Saint Jean Chrysostome s'élève aussi
contre le luxe liturgique. (Puech, *Saint Jean Chrysostome
et les mœurs de son temps,* p. 247.)

Lorsque Zosime accuse Constantin d'avoir dilapidé les
ressources de l'Etat en faveur des gens incapables de le servir,
il fait sans doute allusion aux dons accordés au clergé : il
me semble que ce païen n'a pas complètement tort.

(2) A. Pératé, *Archéologie chrétienne,* p. 180.

porphyre recouverte à l'intérieur d'une enveloppe d'argent ; un agneau d'or et sept têtes de cerfs d'argent jetant de l'eau, deux statues de cinq pieds de hauteur, en argent, pesant 170 livres. Dans la basilique de Lateran et au Vatican ce ne sont qu'orfèvreries colossales. A partir de cette époque on ne peut plus décorer une église sans la recouvrir de mosaïques d'émail ; les simples peintures ne sont plus assez luxueuses et le marbre est trop bon marché.

Cet art arriva à son plein développement à Sainte-Sophie (1) : « rarement la folie de la prodigalité fut poussée aussi loin ; il semble que Justinien ait moins apprécié la beauté que le prix et qu'il ait voulu éblouir par le spectacle d'un luxe féerique... Il fallut établir de nouveaux impôts et recourir à des mesures arbitraires. L'ambon seul avec la *solea* coûta une année des revenus d'Egypte. »

Dans les temps modernes l'Eglise a continué cette malheureuse tradition et Saint-Pierre de Rome peut rivaliser, à ce point de vue, avec Sainte-Sophie ; il y a même progrès dans la folie, car l'œuvre de Justinien a une bien plus grande valeur artistique que celle des papes.

L'art est tout à fait secondaire dans les préoccupations des gens qui cherchent l'extraordinaire ; il se peut qu'ils rencontrent par hasard, sur leur route, des artistes de premier ordre, qui parviennent à s'arranger des vices de la conception primitive, grâce à une habileté supérieure ; c'est ce qui a eu lieu pour Sainte-Sophie, pour quelques cathédrales gothiques ; mais ce

____

(1) A. Bayet, *Art byzantin*, p. 42.

contact est pernicieux, car il arrive toujours, au bout
de quelque temps, que l'influence du milieu ecclésiastique l'emporte sur l'influence des architectes ; et alors
on tombe en pleine sottise, comme cela s'est produit
à la fin du Moyen-Age et de la Renaissance.

De nos jours, ce qui se dépense d'argent bêtement en
constructions inutiles, vitraux, peintures, statues do-
rées, dépasse tout ce qu'on peut imaginer. L'Eglise a
fait, cependant, un très grand effort pour changer le
ton sentimental de son milieu propre et créer des œuvres ayant une fin sociale ; mais encore aujourd'hui,
ces œuvres ne représentent qu'une partie infime de son
budget.

Ne dirait-on pas qu'il pousse, quelque part, des fruits
d'or qu'il suffit de cueillir pour devenir riche !

Jusqu'aux derniers temps du paganisme, il était
resté une tradition très défigurée, mais encore vivante,
sur l'usage des revenus ; les conditions économiques
avaient été bouleversées, mais l'appareil juridique ne
périssait pas facilement. Le *caractère civique de la
propriété* ne pouvait pas disparaître tout d'un coup et
de lui-même ; il fallait qu'il vînt une force faisant la critique de pratiques devenues inintelligibles. C'est ce que
firent les docteurs chrétiens.

Le caractère civique que la raison découvre comme
inséparable de la propriété (1) se manifeste, dans la

(1) *N. N.* Il va sans dire que la *raison* n'a pas opéré
toute seule ; la *raison est* toujours pour nous autres modernes, *la philosophie créée par le génie grec.* Il faudrait
donc remonter à la Cité antique pour expliquer le *caractère civique* de la propriété. Lire sur ce sujet le livre de
M. G. Platon *(La démocratie et le régime fiscal à Athè-*

réalité, sous forme d'obligations imposées à celui qui possède, dans un intérêt collectif. Lorsque l'Etat est quelque peu rationnel, ces obligations ont pour but essentiel l'amélioration des conditions économiques générales : c'est ainsi que les gouvernements modernes imposent de lourdes charges aux possédants pour assurer la défense du pays — pour maintenir l'ordre — pour venir en aide à des classes que le régime présent opprime et pour les amener à une vie civique plus développée — pour faire certaines œuvres collectives (irrigations, assainissements, etc.) d'un intérêt plus ou moins rapproché, ou bien des œuvres de haute collectivité (comme les chemins de fer) — et enfin pour participer au développement général de la production (protection de l'industrie, etc.).

Dans l'antiquité la défense du territoire avait été la question capitale ; au IVe siècle cette question avait perdu une grande partie de son importance aux yeux des empereurs ; beaucoup de formes collectivistes modernes étaient à peine soupçonnées ; mais les mœurs et parfois les lois imposaient aux riches Romains l'obligation de contribuer à la dépense de ce qu'on peut appeler les *drames collectivistes*, c'est-à-dire de participer à certains actes publics qui rappelaient, d'une manière sensible, le caractère politique de la coexistence des hommes sous un même régime légal.

nes, à Rome et de nos jours) : nous y voyons qu'à Athènes, une partie des biens particuliers forme le capital fiscal « qui tend à perdre de plus en plus le caractère de propriété individuelle pour prendre celui de *propriété sociale*, de fond de réserve, dont l'individu n'a la jouissance que sous la condition d'en remplir les charges ». (p. 71.)

C'est là ce qui donnait tant d'importance aux fêtes dans l'antiquité ; je crois que M. Boissier n'apprécie pas l'importance de ces réunions à leur juste valeur quand il dit (1) : « La vie intérieure existait moins alors que chez nous ; l'intimité des proches, les relations avec les amis, l'agrément des conversations familières prenaient moins de temps qu'aujourd'hui ; sans le théâtre et le cirque l'ex stence aurait paru vide. » Tout cela est fort exact ; mais ces observations, qui définissent parfaitement la *matière sentimentale* (2) de ces fêtes, laissent de côté ce qu'elles renfermaient de juridique et de politique. Depuis que les anciennes conditions militaires n'existaient plus pour réunir les citoyens vers une même fin, les fêtes formaient le seul lien sensible du corps civique.

Les grands seigneurs romains avaient ainsi de lourdes obligations ; l'opinion reçue ne les traitait pas en maîtres absolus de leur fortune ; mais l'emploi du prélèvement collectiviste n'avait plus le sens commun. Le christianisme, sans faire disparaître complètement les pratiques anciennes, donna à ses adhérents la claire conscience que la propriété n'était point tenue, par sa nature propre, à de pareilles charges ; on peut dire que, dans un certain sens, il détermina le coup final qui émancipa la propriété.

Désormais le droit de propriété fut vraiment et réellement le droit d'user, sans aucune restriction, du

(1) Tome I, p. 81.
(2) Cette matière sentimentale est un ensemble d'émotions, de sentiments, que le milieu éprouve dans des circonstances déterminées.

revenu net suivant son libre arbitre ; — la volonté de chacun remplaça le droit politique.

C'est (1) en vertu de l'idée chrétienne que tant de personnes demandent, au nom des principes de liberté, que l'État cesse d'exercer aucun contrôle sur les testaments, sur les fondations, sur l'accumulation de la mainmorte, c'est-à-dire sur tout ce qui touche aux intérêts matériels de l'Eglise. Tous les usages de la richesse ne sont pas bons ; mais il y en a un qui est excellent, c'est celui qui a pour fin la gloire de Dieu : les hommes sages doivent employer leur fortune à montrer comment l'emploi ecclésiastique des biens est plus noble que l'emploi profane ; ils arrivent ainsi à agir sur l'esprit de leurs concitoyens à peu près de la même manière que les mystiques jouant ce que j'ai appelé le drame monacal.

Une fois entré dans cette voie, l'homme n'a aucune mesure à garder ; il conçoit entre le dieu qu'il imagine (amoureux de certaines belles choses) et la société un rapport surnaturel, mystérieux, inaccessible à la science. Tandis que dans la Cité tout était proportionné, que toute charge était déterminée par une règle générale, dans le monde nouveau il n'y a plus ni proportion, ni règle ; l'offrande est toujours trop faible, venant d'une créature infiniment petite et présentée au créateur infiniment puissant.

Dès que le propriétaire chrétien a été touché par la grâce, il doit montrer qu'il a compris la différence qui existe entre un système de *rapports juridiques* et un

____

(1) La fin de ce chapitre a été remaniée pour rendre l'exposition plus claire.

système de *rapports mystiques* (1), qu'il connaît la valeur vraie de toutes les richesses : elles viennent mystérieusement de Dieu et elles retournent à leur auteur par un acte de la volonté humaine : celle-ci à ce moment semble participer à la nature divine , puisqu'elle fait revenir les richesses sur le chemin que leur avait fait parcourir la volonté divine ; le sens du mouvement est seulement changé. Il n'est pas douteux qu'ici nous n'atteignons une conception qui est très voisine des conceptions magiques. Au ive siècle les chrétiens, étaient, d'ailleurs tout pénétrés de superstitions magiques et il est souvent difficile de distinguer dans leur vie ce qui appartient proprement à la foi chrétienne et ce qui appartient à la croyance magique (*Voir note finale* F).

Ainsi dans l'usage de la fortune on ne se préoccupera pas du tout des conséquences économiques ; on ne se demandera point par quels efforts ces richesses ont été produites ; on ne s'inquiétera pas du sort des milliers de travailleurs misérables qui s'exténuent sur les champs ; on ne voit pas ces rapports matériels : l'homme est tout entier absorbé dans la contemplation de Dieu et veut lui rendre hommage de ce que Dieu a créé.

Ce fut un grand scandale dans la société romaine lorsque Paulin, fils d'un ancien préfet des Gaules, quitta le monde après avoir vendu son patrimoine et

(1) J'emploie le mot *mystique* dans le sens direct et primitif. « J'ai critiqué le *côté mystique* de la dialectique hégélienne », dit Marx (*Capital*, trad. franç., tome i, p. 350, col. 2).

distribué le produit aux pauvres. Le futur évêque de
Nole se borna à répondre aux critiques des païens (1) :
« Qu'ils jouissent en paix de leurs plaisirs, de leurs di-
gnités, de leur fortune ; qu'ils gardent pour eux leur
sagesse et leur félicité ; mais qu'ils nous laissent ce
qu'ils appellent notre misère et notre *folie*. » Lorsque
Pammachius perdit sa femme, la seconde fille de Paula,
il distribua aux pauvres la fortune de sa femme et une
partie de la sienne, puis se fit moine. A. Thierry (2)
nous a décrit les festins qui eurent lieu dans la basilique
de Saint-Pierre et où assistèrent tout ce que Rome renfermait de vagabonds et de mendiants. Saint Jérôme
écrivait sur ce sujet une lettre enthousiaste, et saint
Paulin s'écriait, dans son admiration naïve : « O Rome !
si tous tes sénateurs avaient de pareils divertissements,
si on ne te donnait pas d'autres spectacles, tu pourrais
conjurer les malheurs dont te menace l'Apocalypse ».

Il est impossible de comprendre aujourd'hui de pareilles folies ; nous voulons raisonner avec nos idées
modernes, ce qui revient à dire que la *morale haute-
-ment chrétienne* est devenue inintelligible pour nous.
Sous l'influence chrétienne les hommes ne se préoccu-
pent d'aucune fin sociale ; l'économie idéaliste se développe en même temps que l'ascétisme monacal et que
la foi aux rapports sociaux purement mystiques (je
dirais presque *magiques*). Tout cela est fort inutile
pour le progrès et ne renferme aucun élément pour
assurer le passage à des formes supérieures.

(1) Tome II, p. 65.
(2) A. Thierry, *Saint-Jérôme*, p. 371.

VI

L'Eglise contre les fictions et les traditions romaines. — L'autel de la Victoire. — La question de la légitimité de l'Empire. — La ruine de l'idée de Cité.

Au IVe siècle la dissociation idéologique était arrivée à tel point que les relations sociales étaient, en toutes choses, dominées par des fictions. M. Boissier l'observe, très justement, à propos des traditions de la vieille histoire romaine (1). « On ne se gênait guère, dans ce monde sceptique et léger, de sourire des rendez-vous que la nymphe Egérie donnait à son bon ami Numa. Seulement, un magistrat, tant qu'il était revêtu de la robe prétexte, croyait de sa dignité d'avoir l'air d'y ajouter foi. Le christianisme se moqua de ces apparences de respect et mit le mensonge officiel à jour, voilà tout (2). »

(1) Tome II, p. 390.

(2) *N. N.* Havet dit que le christianisme profita des sentiments de mépris que l'on avait pour l'ancienne religion : « Il ajoutait à la force de la critique la violence de la passion qui la rendait bien plus menaçante. » *(Le christianisme et ses origines,* t. IV, p. 402.) Tout en développant l'attrait pour les superstitions, il tirait ainsi parti de ce qu'on peut appeler le mouvement libre-penseur. A vrai dire, le monde antique n'avait plus de religion depuis longtemps.

Mais il me semble que c'est bien quelque chose et tous les jours, la presse bourgeoise attaque, avec violence, les socialistes, les accusant de mettre la société en péril, parce qu'ils dénoncent les contradictions, qui existent dans le système des opinions reçues. La théorie courante me paraît avoir été fort bien exposée par M. Chailley-Bert (1). « Tout ce qui peut avoir pour résultat de faire voir le peu de solidité des *conventions*, sur lesquelles la société repose, est dangereux et doit être combattu ; — et combattu par tous les moyens et même par les pires. Et, par exemple, au point de vue de la morale, la femme adultère est cent fois plus critiquable que la femme divorçante ; mais si la faute est bien cachée et le demeure, si elle donne au monde le *spectacle décevant, mais tranquillisant,* d'un ménage suffisamment uni, le monde doit lui savoir gré de ce respect des conventions et lui accorder toute son indulgence... Et à la différence des aveux trop pleins de franchise (tel est le divorce) *l'hypocrisie est pour un temps un agent de préservation sociale.* »

Renan était fort occupé des fictions qui servent à maintenir les systèmes moraux reçus dans la société ; ainsi, parlant de Daniel, il s'exprime ainsi (2) : « Son livre prélude à l'angéologie et à la démonologie exubérantes, qui impriment aux écrits évangéliques une tare désagréable pour tout esprit cultivé. L'humanité est ainsi faite que les divers éléments qui la composent sont ennemis les uns des autres. Quand une de ses parties s'élève, une autre s'abaisse... La moralité d'un

<hr>

(1) *Journal des Débats*, 24 mai 1894.
(2) Renan, *Hist. d'Israël,* tome IV, page 359.

peuple demande d'énormes sacrifices à la raison ; les
progrès de la raison nuisent à la moralité des masses
qui se gouvernent par l'instinct. Le peuple juif travaillait à une œuvre morale et non à une œuvre intellectuelle. »

La même préoccupation se retrouve chez presque
tous les utopistes contemporains ; ils prétendent constituer un système de fictions destiné à remplacer celui
que le développement historique a produit. Les positivistes rappellent souvent cet adage : « on ne supprime que ce que l'on remplace » ; de fait, ils ont
copié les pratiques catholiques.

Les fictions sentimentales forment des *arrêts* pour
la pensée critique ; elles empêchent l'esprit de se
perdre dans des aberrations subjectives ; elles nous
enserrent dans un cercle étroit dont les limites sont
données par le milieu. Tant que les hommes n'ont
aucun moyen de raisonner sur les relations scientifiques de l'économie, tant qu'ils sont abandonnés aux
hasards de leur volonté et à l'arbitraire de leurs émotions, tant qu'ils sont gouvernés par l'instinct, comme
dit Renan, il est très dangereux de toucher aux *fic-*
tions, par lesquelles le milieu traduit son principe
historique.

De nos jours, nous voyons les gouvernements et
ceux qui veulent s'emparer de la direction des esprits,
faire de grands efforts pour surexciter ce qu'on appelle
le sentiment patriotique. Mais qu'est-ce donc qu'une
patrie ? Renan nous répond (1) : « *un ensemble de*
préjugés et d'idées arrêtées que l'humanité entière ne

____

(1) Renan, *La réforme intellectuelle et morale,* p. 236.

saurait accepter » ; c'est donc un élément sentimental, irrationnel, une fiction. Mais tout le monde est d'accord pour reconnaître l'importance considérable de cette fiction.

On a eu souvent quelque peine à comprendre les positions prises par les docteurs de l'Eglise ; il est étrange de voir, en effet, des conservateurs attaquer sceptiquement les idées reçues et les illusions sentimentales. Mais il faut observer qu'au ive siècle, les évêques ressemblent fort à des Jacobins arrivés ; au moment où le gouvernement se déclara pour le christianisme, le nombre des fidèles n'était pas très grand. On a dit, parfois que la transformation se faisait vite d'elle-même ; les évêques pensaient qu'elle se ferait plus sûrement par la voie de l'autorité. Ils étaient obligés, par suite, de se mettre en lutte avec toutes les traditions ; et tant que l'ancien état de choses avait encore ses manifestations sensibles, l'œuvre nouvelle pouvait paraître chancelante ; or, *pour qu'une propagande soit sûrement efficace, il est essentiel que le public n'ait aucun doute sur le succès final et prochain.*

Au ive siècle les temples étaient très nombreux et bien entretenus ; à Rome il y en avait 423, soit à peu près autant qu'il y a d'églises et de chapelles aujourd'hui (1) ; « et comme en général ils avaient été bâtis

(1) Tom. ii, p. 232. — *N. N.* Dans le premier volume (p. 28, note 1), M. Boissier dit que d'après Beugnot les chrétiens formaient seulement un vingtième de la population ; c'est le chiffre donné par Gibbon, pour l'époque de Dèce. M. P. Allard pense qu'en Orient (où la proportion des

en l'honneur de quelque victoire, ils semblaient prouver, d'une manière visible et triomphante, que l'Empire devait sa puissance et sa grandeur à la protection des dieux. »

Ce fut une grosse peine pour les hommes attachés au passé que la destruction de ces monuments vénérés. Libanius dit que (1) « les hommes noirs (il parle des moines) qui ont abandonné le travail des champs pour se mettre, comme ils le prétendent, en relation avec le créateur de l'univers, sur les montagnes, descendent de leurs retraites, excitent par la prédication les exaltés, les impatients, et tous ensemble se jettent sur les temples pour les détruire. Les évêques les encouragent ; les autorités civiles les laissent faire. »

Quelques auteurs chrétiens protestèrent contre ces excès : le poète Prudence demande que l'on conserve les statues qui (2) peuvent devenir une décoration pour la patrie ; cette conservation était fort désirable pour l'histoire de l'art ; mais elle importait peu au point de vue politique, car, si on transforme une statue de

chrétiens était plus forte qu'en Occident) le christianisme comprenait du cinquième au dixième des habitants avant la persécution de Dioclétien *(Histoire des persécutions,* tome IV, p. 55). Il résulte des dires de saint Jean Chrysostome que de son temps à Antioche un peu plus de la moitié de la population était chrétienne.

(1) Tome II, p 295. Les moines ont été souvent critiqués par les chrétiens raisonnables. Les moines d'Egypte sont célèbres par leurs violences ; les bandes de Barsumas se distinguèrent au concile d'Ephèse et malmenèrent les évêques. *(Voir note finale* P.)

(2) Tome II, p. 148.

dieu en une statue de saint, on ne maintient rien de la tradition nationale. On fit quelques essais pour laïciser le culte (1) ; « l'empereur Théodose demande qu'on laisse ouvert un temple de l'Osroëne... à la condition qu'on n'y fera plus de sacrifices et qu'on y célébrera la cérémonie des *vota* en l'honneur de l'empereur. »

Gratien porta un coup terrible aux fictions historiques en supprimant le budget des fêtes et ordonnant l'enlèvement de l'autel de la Victoire. Ce dernier acte ne peut être comparé qu'au décret de la Commune de Paris ordonnant la démolition de la colonne Vendôme ; je crois même que la décision de Gratien était beaucoup plus grave, parce que les traditions des guerres de la Révolution sont restés très vivaces chez nous et que le monument napoléonien a aujourd'hui peu d'importance pour le maintien de ces souvenirs.

Il est étrange que M. Boissier n'ait pas saisi l'importance de cette question ; il pense (2) que les sénateurs chrétiens avaient horreur d'assister aux cérémonies païennes faites sur cet autel ; il n'en sait rien, car aucun sénateur chrétien ne s'est plaint. Il serait tout le premier à protester contre la suppression de toute formule religieuse dans le serment ; et cependant s'il y a une fiction, c'est bien celle du serment !

Symmaque s'était placé sur le terrain conservateur : il invoquait les traditions, l'antiquité des usages. Saint Ambroise lui répond qu'à ce compte il faudrait rétrograder vers le passé le plus reculé et regarder

(1) Tome II, p. 257.
(2) Tome II, p. 290.

l'apparition du soleil comme le premier pas vers la décadence. C'est là ce que M. Boissier appelle formuler très nettement la *théorie du progrès* (1) : « Cette fois l'Eglise l'invoque à son profit ; mais le xviiie siècle l'ayant retournée contre elle, elle a été amenée à s'en méfier et même à la combattre comme une erreur coupable (2) ».

Il est certain que la cause de Symmaque était mauvaise ; les fictions finissent par devenir ridicules, quand elles ne s'imposent plus, d'une manière indiscutable, à la majorité des hommes dirigeants. Elles peuvent durer, parfois d'une manière étonnante ; mais si par malheur elles sont discutées et si un système opposé entre dans la pratique, elles paraissent tout à fait caduques ; c'est ce qui se produisait à l'époque de Symmaque.

(1) Tome ii, p. 285.

(2) *N. N.* L'Eglise n'a jamais admis l'idée du progrès ; elle a affirmé qu'elle possédait la vérité et qu'avant elle régnait l'erreur ; suivant la doctrine du progrès une pareille séparation serait impossible ; chaque époque aurait une vérité correspondant à ses conditions générales de vie. L'esclavage a été une vérité dans son temps et il a permis de réaliser un grand progrès dans la production ; déclamer avec « une colère supérieurement morale contre l'ignominie de semblables institutions » paraissait ridicule à Engels (*Devenir social*, août 1896, pp. 730-731). Les hommes du xviiie siècle raisonnaient généralement comme l'Eglise ; ils croyaient avoir une vérité autre que celle de catholicisme, mais à la mesure de laquelle ils pouvaient, comme l'Eglise, juger l'antiquité. Ils parlaient du progrès en gens qui comprenaient encore mal la notion nouvelle.

6

L'organisation romaine reposait sur quelques fictions qui ne pouvaient s'imposer qu'à la condition de n'être jamais discutées : les choses anciennes étaient réputées bonnes par le seul fait de leur antiquité ; — la conquête avait été une œuvre surhumaine, échappant à toute critique ; — Rome était la Ville éternelle, la patrie vers laquelle tous les hommes civilisés tournaient leurs regards.

M. Boissier note, curieusement, les manifestations de cet amour intense pour les choses de Rome, qui nous semble, aujourd'hui, si extraordinaire (1). « A peine les armées romaines avaient-elles pénétré dans des pays inconnus qu'on y fondait des écoles ; les rhéteurs y arrivaient sur les pas du général vainqueur et ils apportaient la civilisation avec eux... Les armes ne les avaient qu'imparfaitement soumis, l'éducation les a domptés... Si nous perdions l'éloquence, disait Libanius, que nous resterait-il, qui nous distingue des Barbares ? » Après l'invasion, alors que les royaumes barbares sont constitués, les lettrés, qui expriment les sentiments des classes moyennes, ne peuvent parler de Rome sans amour (2). « Les gens même qui, comme Fortunat, vivent de leurs libéralités, ou qui, comme saint Avit, ont accepté sans arrière-pensée leur domination ne peuvent s'empêcher de témoigner leur affection filiale pour la vieille Rome, la seule ville de l'univers où il n'y ait que les esclaves et les Barbares qui soient étrangers. »

(1) Tome I, pp. 194-196.

(2) Tome II, p. 423.

Le poète chrétien Prudence (1) a tout autant de passion pour Rome, que les païens Claudien et Rutilius ; quand la nouvelle du sac de la Ville éternelle se répandit dans le monde, les docteurs chrétiens furent consternés et exprimèrent leur douleur avec éloquence (2).

Pour bien comprendre la polémique engagée par les docteurs chrétiens contre les traditions, il faut bien déterminer le public auquel ils s'adressent. Saint Augustin, dans la *Cité de Dieu*, raisonne sur les anciennes religions absolument comme Voltaire le fera au xviiie siècle : il trouve partout des contradictions, des scènes ridicules et immorales dans les légendes ; mais la Bible ne gagne point, non plus, à être étudiée par ce procédé. Quand à Tertullien on ne peut le lire sans penser à M. Drumont : c'est la même fougue, la même ignorance des évolutions sociales, le même mépris pour la critique historique (3). Les antisémites

(1) Tome ii, p. 139. M. Boissier signale, même, à propos de cet auteur un trait tout à fait remarquable ; « la haine qu'il porte, comme tous ceux de sa religion, à l'empereur Julien, ne le rend pas injuste envers lui. Tout en détestant son apostasie, il reconnaît ses vertus et ses talents militaires » (Tome ii, p. 149).

(2) Tome ii, p. 299.

(3) *N. N.* On a souvent attribué à Tertullien le paradoxe: « *credo quia absurdum* » ; je ne crois pas que cette phrase se trouve nulle part dans ses œuvres ; mais tout le traité *De præscriptionibus* est bien étrange : il ne faut pas accepter de discussion avec les hérétiques sur l'Ecriture ; il faut croire et ne rien désirer au-delà ; il faut que la curiosité cède à la foi et l'amour-propre au salut ; il s'écrie : « *Miserum Aristotelem*, qui illis *dialecticam* instituit, artificem

ont bien raison de s'appuyer sur les traditions des Pères de l'Eglise, car ils leur ressemblent étrangement. Tertullien affirme, avec une audace sans pareille les faits les plus notoirement faux : les Romains ont élevé une statue à Simon le magicien ; Tibère a écrit au Sénat pour lui demander de reconnaître la divinité de Jésus-Christ ; Marc-Aurèle a attesté que son armée fut sauvée en Germanie grâce aux prières des chrétiens. Les vieilles plaisanteries des prophètes hébreux sur les idoles sont reprises avec un manque de goût complet. De même que M. Drumont, Tertullien prétend s'élever au-dessus des préjugés ; *il fait de la science à sa manière ;* il est très sincère comme son successeur contemporain ; et tout porte à penser qu'il exprimait, comme le directeur de la *Libre parole,* d'une manière très exacte, les sentiments d'une classe assez nombreuse, aimant la violence des paroles, acceptant d'autant plus facilement un fait qu'il est moins vraisemblable, et croyant tout ce qui est de nature à flatter ses espérances illimitées et incohérentes.

On peut observer encore chez les Pères de l'Eglise un état d'esprit particulier que Renan a fort bien décrit quand il a parlé du premier chapitre de la Genèse (1). « Le narrateur a créé la physique sacrée, qu'il faut à un certain état d'esprit où l'on tient à n'être qu'à moi-

struendi et destruendi, versipellem in sententiis, coactam in conjecturis, duram in argumentis, operariam contentionum » (vii). M. Thamin dit que Tertullien fait penser parfois à un curé de campagne prêchant contre Voltaire *(Saint Ambroise et la morale chrétienne,* p. 113).

(1) Renan, *Histoire d'Israël,* tome ii, p. 386.

tié absurde. Cette page... a répondu à ce *rationalisme médiocre*, qui se croit en droit de rire des fables parce qu'il admet une dose aussi réduite que possible de surnaturel... Mieux vaut la franche mythologie qu'un bon sens relatif qu'on arrive à tenir pour inspiré... On n'a pas persécuté au nom d'Hésiode, on n'a pas accumulé les contresens pour trouver dans Hésiode le dernier mot de la géologie. »

Saint Augustin et Tertullien croient sincèrement que la philosophie et la science rationnelle ont fait des progrès considérables depuis que les révélations chrétiennes ont été connues du monde antique; ils traitent les païens les plus illustres avec un air de supériorité qui nous fait aujourd'hui bien sourire.

Les gens auxquels parlaient les Pères ne désiraient pas du tout la chute de Rome. On y pensait, parce - qu'on croyait à la fin prochaine du monde et que, d'après l'interprétation donnée au livre de Daniel, l'Empire romain devait être le dernier. Tertullien fait même observer que les chrétiens ont ainsi un motif puissant pour prier en faveur de l'Empire. Plus tard, durant les grandes crises, il y eut des moments de grand découragement; mais les docteurs autorisés cherchaient à relever les courages; M. Boissier (1) cite à ce sujet une lettre, fort curieuse par son optimisme, de saint Augustin : celui-ci conseille de tout faire pour maintenir l'état social existant.

Ces idées étaient bien celles de la très grande majorité; mais autre chose est de vouloir résolument une fin et autre chose est de vouloir les moyens. Les Pères

(1) Tome ii, p 392.

de l'Eglise raisonnaient sur les malheurs du temps ; ils cherchaient les causes et malheureusement il les trouvaient grâce à ce rationalisme médiocre que leur théorie leur imposait ; ils auraient voulu sauver l'Empire et ils avaient pour le sauver des *recettes infaillibles* ; ils n'avaient aucune vue sur les besoins réels et ils croyaient naïvement que tout irait bien le jour où la lumière aurait pénétré partout et dissipé les illusions du paganisme.

La question du droit surhumain de la conquête romaine, qui était la base de tout le système politique existant, les embarrassait beaucoup, parce que les païens avaient solidement lié cette doctrine au respect pour les dieux antiques et pour les traditions.

M. Boissier signale (1) déjà dans l'*Octavius* de Minucius Félix quelques doutes émis, en passant, sur la légitimité des conquêtes de Rome. Saint Augustin est très agressif dans le quatrième livre de la *Cité de Dieu* (2) : il serait difficile, dit-il, de savoir en quoi consiste un royaume ou une réunion de brigands ; un peuple vertueux ne doit pas souhaiter la domination ;

(1) Tome II, p. 315.

(2) Boissier dit que saint Augustin montre ici un esprit détaché de la superstition romaine, que Cicéron et Sénèque n'avaient jamais osé examiner si les guerres faites par Rome étaient justes et modérées. Tout cela est parfait ; mais cette superstition tenait lieu de théorie de l'Etat dans le monde romain de la décadence et je ne vois pas que saint Augustin ait des idées philosophiques sérieuses sur la constitution des Etats. — *N. N.* Les sophismes de saint Augustin ressemblent fort à ceux des philanthropes qui rédigent la *Paix par le droit (Voir note finale G.)*

la conquête ne peut être justifiée que si on a à se défendre contre un injuste agresseur ; ainsi les Romains
auraient dû adorer l'Injustice étrangère et la Victoire,
les deux déesses qui leur donnèrent l'empire du
monde, etc. Une fois sur ce terrain on peut aller loin :
Orose, disciple de saint Augustin, rappelle que les
luttes pour la conquête furent terribles (1): « Vos pères,
dit-il, ont maudit le jour sanglant où ils sont devenus
Romains ; qui sait si ces grands désastres que vous
maudissez aujourd'hui ne seront pas l'aurore d'un
temps plus heureux ? » Il espère d'autant plus que les
Barbares semblent se civiliser tous les jours.

Ce sentiment de détachement se développe à mesure que les préjugés romains sont moins vivaces.
Chacun s'arrange pour se trouver le moins mal possible dans la nouvelle société ; Salvien compose son
Gouvernement de Dieu en l'honneur des Barbares
auxquels il trouve quantité de qualités morales : ils
sont pieux, *chastes*, dévoués à leurs chefs et ne se
plaisent pas aux jeux du cirque (2).

(1) Tome II, p. 406. Orose entreprend de justifier la Providence ; les Barbares ayant triomphé, tout ne peut pas être
mauvais dans le régime qu'ils ont créé ; les vaincus doivent
avoir quelques lueurs d'espoir. C'est un pur plaidoyer.

(2) *N. N.* Presque tous les auteurs chrétiens répètent la
même chose ; mais nous savons que les Barbares n'étaient
pas plutôt en contact avec la société romaine qu'ils d
naient aussi corrompus que les vaincus : ils étaient pris dans
l'engrenage des institutions. (Ferrère, *La situation religieuse de l'Afrique romaine depuis la fin du* IVᵉ *siècle
jusqu'à l'invasion des Vandales*, p. 75)

Tertullien avait écrit (1) : « Nous n'avons qu'une république, c'est le monde ». Cette conception était, tout simplement, la ruine de toute l'organisation sociale antique. Le droit était fondé, tout entier, sur les fictions relatives à la souveraineté divine dévolue à la Ville éternelle. Ces fictions traduisaient, sous une forme concrète, une théorie historique de l'Etat qui n'aurait pu être facilement communiquée scientifiquement et qui présente, encore aujourd'hui, de grandes difficultés pour beaucoup d'esprits. Renan a essayé d'en donner une idée dans les lignes suivantes (2) : « La société est un grand fait providentiel ; elle a été établie non par l'homme, mais par la nature elle-même, afin qu'à la surface de notre planète se produise la vie intellectuelle et morale. .....Cette fonction transcendante de l'humanité ne s'accomplit pas au moyen de la simple coexistence des individus... Tous sont des membres d'un immense organisme qui accomplit un travail divin. »

Pour cette magnifique exposition, Renan a été obligé d'employer un langage presque mythologique, mais tout le monde comprend ce qu'il appelle sacré et divin : c'est ce qui ne consiste pas en une simple combinaison de volontés individuelles, poursuivant des buts particuliers. (*Voir note finale* H.)

L'histoire romaine apparaissait aux anciens comme la réalisation de cette *action sur-individuelle*, mystérieuse, supérieure aux théories de la morale pratique.

(1) Tome II, p. 372.
(2) Renan, *La réforme intellectuelle et morale* ; p. 242.

Ce caractère a toujours vivement frappé les lecteurs de Plutarque et nos pères crurent pouvoir faire renaître une nouvelle histoire supérieure, elle aussi, aux forces humaines, en un jour d'enthousiasme révolutionnaire.

Cette conception de l'Etat divinement conquérant ne pouvait plus être qu'un anachronisme au ive siècle : l'esprit héroïque était éteint ; il fallait trouver une théorie en rapport avec les nouvelles préoccupations de la mort et les idées de la religion sur le jugement et la providence de Dieu.

Le christianisme empruntait aux écrivains hébreux une conception providentielle, singulièrement pauvre, de l'histoire ; il enseignait que Dieu dirigeait les révolutions des empires en vue de la prospérité de l'Eglise. Les Romains, d'après saint Augustin (1), on eté envoyés pour châtier les crimes du monde ; ils étaient en état d'accomplir cette mission parce qu'ils avaient l'amour de la gloire ; mais « il ne faut pas se dissimuler que cet amour de la gloire ne soit un vice ». Comme cet amour de la gloire leur donnait la force de résister à d'autres vices, Dieu les a récompensés en leur permettant de faire des conquêtes ; mais ces conquêtes ne les ont pas rendus plus heureux. Et d'ailleurs (2) ; « *qu'importe sous quel maître vit l'homme qui doit mourir, pourvu que ce maître ne l'oblige à rien qui soit contraire à la piété et à la justice ?* »

Cette conclusion n'est-elle pas celle à laquelle devait aboutir le *scepticisme bourgeois*, dans un em-

------

(1) Saint Augustin, *Cité de Dieu* ; liv. V, chap. 13.
(2) Saint Augustin, *op. cit.* ; liv. V, chap. 17.

pire agité par des factions? Le christianisme a pré
senté une formule nette et précise ; il a donné au monde
la claire conscience de la situation créée par l'évolution. Le Moyen-Age peut commencer ; il n'y a plus
de *Cité*, plus de droit.

VlI

L'Etatcomme serviteur de l'Eglise. -- L'Eglise et la guerre.
— Influence des idées issues des guerres de la Révolution.

Cette ruine de la Cité a beaucoup exercé la verve
des philosophes et des historiens; généralement on n'a
pas vu très clairement ce que renfermait ce drame, qui
nous fait assister à une transformation complète de la
manière de mettre en acte le social et l'individuel.
Les auteurs ecclésiastiques ont popularisé une conception que beaucoup de nos contemporains accep-
tent: ils opposent le despotisme de l'Etat césarien aux
droits de la religion, représentée par l'Eglise; lorsqu'une loi leur déplaît, ils en signalent le caractère
païen; ils ne cessent de dénoncer le paganisme de la
Renaissance qui a détruit le bel édifice des *libertés du
Moyen-Age!* Ils ont raison en un sens; car, chaque
fois que nous voulons exprimer une relation sociale et
la faire passer à l'actualité juridique, nous sommes
obligés d'avoir recours aux formules romaines; Rome
est encore de nos jours la grande constructrice du
droit; c'est son histoire et sa langue qui nous fournissent les cadres, les supports expressifs nécessaires
pour donner le verbe à notre pensée politique. Il est
donc vrai de dire que l'*Etat est chose romaine.*

Et puis Rome c'est l'Etat laïque (1) ; elle (2) « ne s'occupe pas de religion ; elle laisse cette question à la liberté de chacun ; voilà son immense supériorité. Rome est une raison grossière ; mais c'est une raison ». C'est là ce qui justifie l'accusation d'athéisme, de matérialisme, et autres du même genre lancées à la tête des héritiers de la pensée juridique de Rome. Le plus souvent, les hommes politiques répondent assez mal à ces attaques et cherchent à faire voir qu'ils n'empiètent pas sur le domaine de la conscience religieuse, qu'ils ne font pas de prosélytisme, qu'ils pratiquent une large tolérance (3) ; — mais ils ne peuvent complètement satisfaire leurs adversaires.

Ce malentendu provient de ce qu'on n'examine point d'une manière critique la conscience que l'Eglise a de sa propre personne et qu'on ne cherche pas d'où vient sa théorie du partage des pouvoirs

Lorsque Néhémie restaurait Jérusalem, il ne fondait pas une Eglise dans le sens propre que ce mot possède quand il s'agit du catholicisme ; il formait un agrégat de prêtres et de propriétaires pieux, n'ayant d'autre but que la satisfaction de besoins purement sacramentaux ; le Temple était regardé comme une nécessité ;

(1) Renan, *Histoire d'Israël*, tome IV, p. 269.

(2) Renan, *Histoire d'Israël*, tome V, p. 144.

(3) Renan dit que la tolérance est ce que les fanatiques détestent le plus (*Hist. d'Israël*, tome III, p. 125). Il dit ailleurs : « On a tort de persécuter les fanatiques ; mais on a raison presque toujours quand ils ne sont pas contents. Pour nous, c'est un signe : *Quand les fanatiques sont furieux c'est que la machine de l'Etat va bien.* » (*Op. cit.*, tome IV, p. 387.)

mais il n'était pas le centre d'une autorité intellectuelle et morale ; il n'y avait là aucun pontife ayant qualité pour statuer sur la foi et les mœurs. La création juive était une chose fort originale, car elle était profondément religieuse, susceptible de provoquer des dévouements extraordinaires, mais en même temps elle laissait toute liberté de penser au fidèle et n'avait aucune portée politique.

« Néhémie, dit Renan (1), ne semble pas avoir une seule fois songé que quelque chose manquait à sa Cité et que cette ville de prêtres et de musiciens portait au front la marque de la servitude. Ces prêtres qui sonnent béatement de la trompette sur ces murs bâtis avec la permission d'un despote, ne se sentent pas esclaves. Une foule qu'on amuse avec des fêtes, des notables dont on flatte la vanité par des honneurs de processions, ne sont pas les éléments d'une patrie... Le Juif ne sera pas un citoyen ; il demeurera dans la ville des autres. Mais, hâtons-nous de le dire, il y a dans le monde autre chose que la patrie. »

Les sociétés religieuses d'Orient ont, toujours, été conçues sur ce modèle de *domesticité* ; elles ont besoin de trouver (2) « un Etat qui laisse aux particuliers, en dehors de la politique, une grande liberté...Le royaume des Ptolémées fut à cet égard un modèle. Sous la domination de la colonie grecque d'Alexandrie, comme sous celle des Anglais de Calcutta, les communautés les plus diverses vivaient indépendantes et heureuses... Un Etat laïque et neutre jouait, au milieu de diversités ennemies, le rôle d'une inflexible impartialité. »

(1) Renan, *op. cit.* ; tome IV, p. 81
(2) Renan, *op. cit.* ; tome IV, p. 225.

7

Chaque fois que l'on a proposé à l'Eglise de vivre, en toute liberté, dans cette situation, elle a déclaré que cela était incompatible avec sa mission. Elle peut être obligée de subir la position d'association libre ; mais elle ne l'accepte jamais. Elle oppose toujours sa parfaite autonomie à la dépendance où se trouvent les communions protestantes. Au moment de la Réforme, les gouvernements civils ont repris tout ce qui avait été abandonné : ils ont conservé aux clergés chrétiens des honneurs et des traitements ; mais ils les ont mis dans un état d'infériorité, qui est encore plus marqué aujourd'hui qu'autrefois : les *Eglises réformées établies* tendent à se transformer en communions libres, vivant autonomes, comme les communions non-conformistes. Le protestantisme contenait, à l'insu de ses fondateurs, le germe d'une évolution ramenant la religion vers le cadre synaguogal, conçu et exécuté par les juifs.

La vraie doctrine catholique est celle que saint Augustin a développée dans la *Cité de Dieu* : le monde est gouverné par la Providence, non point en vue des intérêts civils, mais en vue de la prospérité d'une société religieuse spéciale ; tout ce qui fait l'objet de la politique laïque est secondaire : les gouvernements doivent agir en vue des fins de la Cité chrétienne. Il est certain, d'ailleurs, que saint Augustin n'a fait que donner un corps à des conceptions courantes. Dans l'affaire de l'autel de la Victoire, saint Ambroise avait pris une attitude conforme à la théorie ecclésiastique : « Il a le sentiment, écrit M. Boissier (1), qu'il est l'interprète d'un pouvoir supérieur à celui des rois. Tous

____

(1) Tome II, p. 280.

ceux qui vivent sous la domination romaine, dit-il, servent l'empereur : mais l'empereur doit servir lui-même le Dieu tout puissant. Comme il parle au nom de ce maître souverain, il ne prie pas, il commande ; il n'implore pas, il menace : Soyez sûr que si vous décidez contre nous, les évêques ne le souffriront pas.» Nous voici en pleine théocratie (1).

Cette conception n'est venue qu'en très faible partie de la Bible ; il faut bien observer que le Juif n'a guère conçu la théocratie que dans les rêveries de ses poètes. — Renan, parlant de la Sibylle de l'an 140, dit (2) : « La théocratie ne veut pas voir que les choses humaines seront toujours gérées par des hommes, plus ou moins éclairés, et que l'organisation théocratique n'est pas celle qui fait arriver au pouvoir les plus sages. Les juges émanant d'un pouvoir théocratique auront les mêmes défauts que les juges émanant du pouvoir civil. Ce n'est pas la peine de changer. Ce qui serait désirable, ce serait de rendre la masse des hommes plus morale et plus éclairée. »

Dans le christianisme, il s'introduit un autre élé-

______

(1) *N. N.* Il est bon de rapprocher ce plaidoyer d'une lettre adressée à l'empereur à propos de la synagogue de Callinique : les chrétiens l'avaient détruite et Théodose voulait les forcer à la restaurer à leurs frais. Saint Ambroise explique très clairement que les chrétiens ne *doivent* pas se soumettre (Lettre XL). M. Thamin fait observer que l'évêque de Milan n'admet pas qu'on puisse opposer à la loi religieuse les notions du droit et que la lettre se termine par une menace. Théodose céda. (*Saint Ambroise et la morale chrétienne*, p. 29).

(2) Renan, *Histoire d'Israël* tome V, p. 102.

ment : chez les Juifs l'inspiration individuelle put susciter prophètes contre prophètes : le prêtre. qui seul a un *état légal*, n'est qu'un personnage secondaire ; le principe théocratique n'a pu produire que des mouvements révolutionnaires de courte durée chez les Juifs. (1)

Pour les nécessités de la vie civile, il faut bien accepter des pouvoirs vivant en dehors de l'Eglise ; ces pouvoirs doivent faire ce que l'Eglise ne peut pas faire ; ils ne possèdent jamais la vraie et pure source du droit ; à un moment donné il faut déterminer les relations qui doivent exister entre le maître civil et le maître de la doctrine. C'est cette répartition qu'on ne peut étudier sans prendre pour base la connaissance de la société au ive siècle.

On a observé, depuis longtemps, que le droit romain a eu une influence considérable sur la théologie catholique : je ne veux pas revenir sur cette question, mais il y a un point essentiel qui n'a pas été examiné. L'Eglise, concevant toutes choses dans le cadre juridique préparé par Rome, devait conserver ce cadre pour expliquer l'histoire et s'expliquer elle-même d'une manière rationnelle, en tant que les événements sont considérés socialement : c'est ce qui n'a pas manqué d'arriver. Elle a conservé les principes fondamentaux de la métaphysique sociale des Romains : comme eux, elle met par dessus tout l'argument tiré de la tradition continue et unanime ; — les révolutions des empires

(1) « L'inspiration individuelle, dit Renan, ne crée rien d'aussi dangereux qu'une Eglise infaillible, un papauté ». (*Histoire d'Israël*, tome II, p. 328),

sont rapportées à des causes surnaturelles et ont pour
fin de servir les intérêts de l'expansion catholique ; —
tous les fidèles ne forment qu'une nation spirituelle
dont le chef est le pape. Ce sont de simples transposi-
tions de formules romaines.

A mesure que l'Etat perdait de sa réalité sensible,
il y avait une sorte de transfert de ses attributs juridiques vers l'Eglise, de telle sorte que le principe social
se traduisait en acte sous deux chefs d'attributions
distinctes ; le pouvoir spirituel fut conçu sur l'ancien
modèle impérial et civil. .

La répartition des attributions fut faite tout à l'avantage de l'Eglise ; à celle-ci furent attribuées toutes les
activités réputées nobles et l'Etat fut réduit au rôle de
policier et de défenseur des frontières. En fait, le gouvernement n'avait plus d'autre mission que celle-là ;
car ce qui restait des anciennes traditions était réduit
à la misérable situation de fictions et les docteurs
n'avaient pas de peine à dissiper ces mensonges.
L'Eglise seule était vraiment vivante : elle se trouvait
armée de manière à pouvoir réaliser des actes collectivistes nécessaires, donnant satisfaction à la nature
sociale de l'homme, tandis que l'ancienne constitution
n'était plus qu'un agrégat de fictions inintelligibles et
que l'Etat était impuissant.

L'Empire romain avait perdu, depuis longtemps, les
principes antiques d'organisation militaire ; les empereurs, abandonnant les traditions romaines, avaient
cherché à ne plus étendre les conquêtes ; cette *sagesse
bourgeoise* devait être fatale, car les frontières étaient
indéfendables. Pour bien comprendre ce qu'était la
politique de ce temps, il faut se reporter à ce qui se

passe dans les Indes anglaises : une armée assez peu
nombreuse maintient l'ordre ; elle est devenue *policière*
et non plus *conquérante ;* sans doute, les légions romaines étaient fort supérieures aux régiments de
cipayes, mais elles n'étaient plus qu'un embarras nécessaire.

La vie du soldat romain était fort dure et n'offrait
guère de compensations, puisque le gouvernement avait
cessé d'être belliqueux ; plus on allait et plus la société
militaire devenait étrangère à la société civile et plus
l'existence du camp devenait odieuse aux gens cultivés.
L'Empire réalisait la parfaite antinomie avec la Cité
hellénique, telle que les grands philosophes de la
Grèce l'avaient conçue, soumettant tout à la bonne
éducation de ces guerriers presque divins, que la poésie grecque a chantés. (*Voir note finale* I.)

On ne peut pas soutenir que le christianisme ait
perdu l'esprit militaire romain ; mais, certainement, il
était hostile à l'antique conception de la Cité héroïque
et il n'est devenu possible que le jour où cette conception eut disparu ; il vint simplement tirer la conclusion
de l'évolution pacifique et bourgeoise de l'Empire. Tant
que les anciennes fictions avaient subsisté, on pouvait
encore concevoir l'espérance d'une restauration de
l'ancienne puissance ; les soldats barbares que la fortune des armes portait aux premiers rangs, devenaient
de vrais Romains (1) : mais la civilisation avachie leur
était hostile ; au palais des empereurs on ne songeait
qu'à faire assassiner des généraux trop illustres.

(1) M. Boissier observe que Dioclétien avait « tous les
sentiments d'un vieux Romain ». (Tome ɪ, p. 10.)

Les païens paraissaient être restés plus fidèles à l'idée
romaine que les chrétiens. Stilicon, couvert de gloire,
est proscrit et mis à mort grâce aux intrigues d'Olympius, le chef du parti catholique : le régime de la tolérance pratiqué par ce Barbare est remplacé par la plus
pure théocratie ; les officiers étrangers sont persécutés
et remplacés par des imbéciles, qui rappellent les
chefs ineptes qui mènent les armées autrichiennes
à la défaite avec tant de régularité. (*Voir note
finale* J.)

Dans tous les pays modernes, si l'esprit militaire
s'affaiblit au bénéfice de l'esprit bourgeois, l'idée sociale s'affaiblit aussi, à moins que la propagande collectiviste ne vienne agir fortement sur le peuple. Ce
phénomène se reconnaît avec une grande facilité en
Angleterre : le catholicisme fait d'énormes progrès, en
proportion avec le développement de la bourgeoisie.
D'autre part, l'Eglise n'a été qu'une seule fois en danger, dans les temps modernes, c'est quand les sans-
culottes se mirent en tête de bousculer les armées de
l'Europe coalisée. Lorsque Napoléon rétablit le culte
catholique, il fut applaudi par les civils et maudit par
les soldats. Aujourd'hui encore, s'il y avait une guerre
un peu longue, on verrait se reproduire les mêmes
phénomènes qu'en 1793 ; les officiers français sont cléricaux, parce que cela est bien porté et que sans cela
on ne peut pénétrer dans les salons de la haute bourgeoisie ; mais les capucinades de nos généraux ne plaisent pas au troupier, qui aimerait bien mieux des chefs
sans-culottes, comme ceux qui conduisirent nos bandes révolutionnaires à la victoire.

L'esprit anti-militaire était fort développé dans le

milieu où se recrutait le christianisme, « (1) la petite bourgeoisie, honnête mais sans grande culture » ; aussi les premiers Pères de l'Eglise se prononcèrent avec force contre le service des armes ; Tertullien observait (2) qu'il y avait des chrétiens parmi les Barbares et il n'était pas permis de s'exposer à tuer des frères.

Saint Augustin comprit que ce fanatisme de *boutiquier métaphysicien* était idiot ; mais le christianisme avait beaucoup de peine à abandonner sa doctrine (3) ; « de toutes les concessions qu'il a faites, dit M. Boissier, pour se plier aux nécessités d'un gouvernement, aucune ne semble lui avoir coûté davantage. Même après Constantin, nous voyons saint Martin, qui était centurion, se présenter à l'empereur, *à la veille d'une bataille*, et lui dire : Je suis soldat du Christ, il ne m'est pas permis de tirer l'épée. Le bon saint Paulin félicite beaucoup Victricius d'avoir jeté son baudrier militaire lorsqu'il devint chrétien. »

Saint Augustin cherche à calmer les scrupules des chrétiens; il « affirme que le christianisme ne condamne pas la guerre, quand elle est juste et quand on la fait avec humanité. » M. Boissier trouve la solution excellente, parce qu'il ne va pas au fond des choses et qu'il ne tient pas, sans doute, à approfondir cette *question militaire si embarrassante pour la bourgeoisie contemporaine*. Le guerrier vertueux n'a pas cessé d'être à l'ordre du jour depuis saint Augustin et quand on a écrit la vie d'un général on ne manque pas de raconter

(1) Renan, *Histoire d'Israël* ; tome IV, p. 256.
(2) Tome II, p. 372.
(3) Tome II, p. 373.

qu'il fut humain ; on va parfois jusqu'à parler de sa chasteté. Pour satisfaire le public, on ment avec impudence, si cela est nécessaire ; c'est une fiction à laquelle personne ne peut se soustraire.

L'idée antique est complètement oblitérée par saint Augustin ; les citoyens doivent le service militaire, comme le bourreau doit son service contre les criminels condamnés légalement (1). La guerre est une dure nécessité que l'on subit, mais qui, par elle-même, ne fonde aucun droit : elle ne peut être admise que si elle est reconnue nécessaire par un gouvernement légitime et éclairé.

L'ancien orgueil militaire du vieux Romain n'a plus de raison d'être ; car vraiment il n'y a pas lieu d'être très fier d'être tueur d'hommes ; aussi le *soldat chrétien doit être humble*. Renan (2) a relevé tout ce qu'a

---

(1) Saint Augustin, *Cité de Dieu*, liv. I, chap. 21. C'est un des passages indiqués par M. Boissier comme justifiant la guerre. — *N. N.* Dans le traité *De ordine* (liv. II, 12) saint Augustin a rapproché le bourreau de la prostituée et du proxénète : ce sont des êtres méprisables et nécessaires. Je ne prétends pas en déduire qu'il ait à rapproché le soldat et le *leno*, mais il avait certainement une très faible idée de l'honorabilité du métier des armes. Saint Jean Chrysostome « épargne encore bien moins l'armée que les magistratures civiles. » (Puech, *Saint Jean Chrysostome et les mœurs de son temps*, p. 305.) M. Puech rapporte un extrait d'un sermon qu'on pourrait croire tiré d'un article de M. Urbain Gohier.

(2) Renan, *Histoire d'Israël*, t. III, p. 220 et p. 279. Les modernes, par suite du retour très marqué vers le *civisme païen*, développé par la Révolution surtout en France, ne peuvent plus arriver à comprendre l'humilité de l'empereur Théodose en présence de saint Ambroise.

d'absurde une pareille conception, qui fut le malheur de l'ancienne civilisation juive. A Rome on avait toujours entouré le magistrat de grands honneurs, dont l'origine militaire n'est guère douteuse : dans le consul on saluait la manifestation de la *force romaine*. L'Eglise appréciait ces choses à un tout autre point de vue: elle considérait les honneurs comme l'expression du sentiment de servitude ; au IVe siècle cette manière de voir correspondait bien à la situation réelle des choses. Elle se gardait bien de demander la suppression des honneurs entachés de servilisme ; elle les conservait avec le plus grand soin, mais elle entendait que l'empereur fût humble devant elle ; par la grandeur des honneurs reçus par le souverain et par l'humilité de celui-ci, elle se trouvait élevée, d'un degré, au-dessus de tout ce qu'on pouvait imaginer.

Le gouvernement sera désormais chargé d'une fonction subalterne pour laquelle on le paiera ; Ezéchiel avait fait du roi un fournisseur de viande pour le Temple ; l'Eglise fait du souverain un *fournisseur de paix :* elle s'accommodera de tous les régimes, de même que nous nous accommodons de n'importe quel boulanger, pourvu qu'il nous fournisse du bon pain, bien cuit et de bon poids.

Que peut réclamer le chef de cette police, sinon le pouvoir nécessaire pour assurer la prospérité du corps qui possède la science ? L'Eglise est l'intelligence ; elle est aussi supérieure au maître séculier que l'âme est supérieure aux organes de la vie végétative.

Aujourd'hui, peut-on penser que le transfert puisse s'opérer, encore une fois, entre l'Etat et l'Eglise ? C'est

là une question grave, souvent discutée et qui me
semble bien facile à résoudre.

Il ne faut pas oublier, en effet, que le pouvoir spirituel n'a pu se constituer que parce que des circonstances exceptionnelles lui ont fourni une matière sociale
appropriée. Il ne s'agit pas de savoir si ce pouvoir est
possible, c'est une question oiseuse, puisque l'observation prouve qu'il a existé ; — il faut savoir si la
reconstitution théocratique, rêvée par les bourgeois
encapucinés de l'an 1894, trouverait une matière sociale
favorable.

Les guerres de la Révolution ont changé, en France
du moins, d'une manière complète la conception de
l'Etat ; il s'est produit un réveil extraordinaire d'un
esprit assez voisin de l'esprit antique (1) et un nouvel
ordre de choses est né sur les champs de bataille. La
Restauration fut impuissante et ne put arrêter le travail légendaire, qui suivit les guerres de la liberté.
Lorsque l'Eglise fut à même de reprendre, d'une manière
efficace, son travail d'attaque contre le *nouveau paganisme révolutionnaire* (2), une transformation radicale

---

(1) C'est par cette raison que Taine a tant de peine à
comprendre la Révolution ; il ne voit dans l'Etat qu'un
chien de garde bien nourri et prétend juger les modernes
Romains de 1793 à 1799 à la norme de l'épicuréisme d'un
grossier marchand anglais.

(2) *N. N.* Je crois que Macaulay a appelé, quelque part,
les soldats de la Révolution des *modernes païens*. Il est de
fait qu'ils furent, dans toutes leurs expéditions, de terribles
iconoclastes. Taine observe aussi que « sous la Convention
et le Directoire on a vu l'homme se faire païen » (*Le
régime moderne*, t. w, p. 118).

s'était opérée dans les conditions économiques : l'industrie avait changé ses procédés ; le machinisme avait acquis une importance énorme.

Les écoles ecclésiastiques parvinrent à attirer les fils de la bourgeoisie ; les congrégations cherchèrent à s'emparer de l'armée et y réussirent en partie (1); l'Eglise gagne tous les jours du terrain ; mais pendant ce temps il se produisait, par la force des choses, un courant très puissant qui entraînait les gouvernements dans le sens d'une législation nouvelle commandée par les besoins de la nouvelle industrie. Partout dans cette législation, se manifestent la reconnaissance de l'Etat, son action pour la bonne gestion des intérêts collectifs. Le peuple *voit et touche les manifestations collectivistes.*

L'Etat, autrefois, c'était le gendarme, le percepteur, l'huissier, le maire ; — l'Eglise avait pour elle tous les actes qui intéressent la vie familiale ; elle enseignait ; elle était le seul organe de la pensée connu par le

(1) Renan dit : « L'école de Saint-Cyr n'a guère eu que le rebut de la jeunesse, jusqu'à ce que l'ancienne noblesse et le parti catholique aient commencé à la peupler. » (*Réforme int. et morale*, p. 25.) Renan était fort préoccupé de la transformation de l'école de Saint-Cyr et de l'école polytechnique en *filiales* des collèges des Jésuites. Aujourd'hui la transformation est complète. — *N. N.* L'affaire Dreyfus a révélé les déplorables résultats de ce genre d'enseignement. Nos officiers ont beaucoup perdu de l'esprit militaire, en devenant beaux parleurs et subtils casuistes. Les personnes qui n'avaient pas suivi cette évolution, ne pouvaient comprendre que des *soldats* eussent frappé traîtreusement un *camarade* israélite.

paysan. Aujourd'hui, elle est comme un *épiphéno- -
mène*.

Les traditions révolutionnaires forment, encore
aujourd'hui, la véritable poésie des travailleurs ; les
exploits des sans-culottes intéressent tout homme du
peuple, qu'il soit ouvrier de fabrique ou paysan ; les
miracles de Lourdes, la dévotion du Sacré-Cœur, la
béatification de Jeanne d'Arc n'intéressent que les
bourgeois.

Émancipés par l'idée révolutionnaire, par les légendes qu'elle a fait naître, par les émotions qu'elle excite
encore, — les travailleurs ont été bien préparés à recevoir l'enseignement socialiste (1). Cet enseignement
est fécond, car il peut se faire comme des leçons de
choses : il suffit de faire toucher du doigt les réalités
sensibles, qui correspondent aux concepts de la
science. Bien des économistes ont compris la gravité
de la situation ; ils déplorent qu'il y ait, aujourd'hui,
dans le monde tant de réalités collectivistes ; mais personne n'ose proposer un retour en arrière ; tout le
monde semble d'accord sur la nécessité de perfection-

---

(1) *N. N.* De ce que la formation guerrière de la démocratie française a préparé la voie au socialisme, il n'en résulte pas que celui-ci soit un développement du mouvement
démocratique. Le socialisme, en acquérant la conscience de
ses propres fins, se pose en contradicteur de la démocratie,
tout en collaborant parfois avec elle, comme parti politi
tique. Il est à la fois l'allié et l'adversaire des anciens partis populaires tant que la lutte entre la bourgeoisie et le
prolétariat ne remplit pas toute la vie politique et sociale.
(Cf. lettre de Kautsky, dans le cinquième *Cahier de la
quinzaine*, 1ʳᵉ série.)

ner les institutions, qui donnent à l'ouvrier une idée de plus en plus développée d'un Etat socialiste.

Sans entrer davantage dans ces considérations, je crois que l'on peut conclure que les conquêtes contemporaines de l'Eglise ne sont qu'apparentes et que, plus nous avançons, plus aussi — la conception collectiviste grandissant — l'Etat est destiné à ne plus souffrir d'amoindrissement au profit de l'Eglise. (1)

(1) *N. N.* Dans une étude ultérieure j'ai émis l'avis que si un transfert devait se produire aujourd'hui, il se ferait probablement au profit des organisations ouvrières *(L'Avenir socialiste des syndicats*, Jacques, éditeur, 1901).

VIII

L'individualisme conçu par l'Eglise. — Théorie de l'intolérance. — La liberté de conscience dans un Etat socialiste.

J'ai déjà dit que le christianisme avait donné au monde romain la claire conscience de l'individualisme absolu de la propriété, en montrant l'inanité des fictions anciennes relatives aux obligations du propriétaire envers la Cité. En fait, cette émancipation ne profitait pas à la propriété qui continuait à être mal cultivée ; le transfert signalé dans les chapitres précédents transportait à l'Eglise les revenus employés autrefois d'une autre manière.

Cette transformation économique entraînait la ruine de tout concept social ; il a fallu beaucoup d'efforts aux modernes pour reconstituer ce qui semblait mort pour toujours.

L'émancipation de la propriété entraînait l'émancipation de l'individu ; celle-ci se produisait dans les mêmes conditions : l'homme sera désormais considéré comme ne devant plus rien à la collectivité, chacun s'occupera uniquement de ses intérêts spirituels, sans se soucier des intérêts du pays (1). Ce n'était pas là une nouveauté, sans doute. Il y avait longtemps que l'on fuyait les charges publiques, comme onéreuses et souvent comme dangereuses ; l'égoïsme chrétien parut cependant monstrueux aux gens du IVe siècle, parce qu'il avait quelque chose de provoquant et de systématique.

Le caractère provoquant tenait à ce que le chrétien croyait, presque toujours, nécessaire de faire servir sa conversion à la conversion des autres ; il outrait donc sa manière de vivre, suivant en cela l'exemple de certains prophètes hébreux. A. Thierry dit à ce sujet (2) : « La première fois que Pammachius parut avec la robe monacale parmi ses collègues du Sénat, ceux-ci éclatèrent de rire. Le christianisme, en pénétrant dans le patriciat romain, y produisit des effets vraiment singuliers. Enrichies à l'origine par la conquête violente et plus tard par la spoliation organisée des provinces, ces grandes maisons, une fois chrétiennes, semblèrent n'avoir plus d'autre idée que de se rabaisser. On eût dit une sorte de talion qu'elles s'imposaient à elles-mêmes. » Toutes ces pratiques blessaient vivement les traditions de *respectabilité* chères aux Romains. Je veux bien que la *respectabilité* soit fondée sur de simples préjugés, mais ce sont des préjugés très importants dans la vie sociale et ce sont peut-être ceux qu'il

____

(1) *N. N.* M. P. Allard dans un article sur *L'aristocratie chrétienne sous Constantin et Constance (Correspondant,* 1895) dit qu'au IVe siècle « l'homme songe à s'appartenir davantage ».

(2) A. Thierry, *Saint Jérôme*, p. 372. Cf. aussi la pénitence de Fabiola. (A. Thierry, *Saint Jérôme*, p. 343.)

est le plus dangereux d'attaquer (*Voir note finale* K).

Le caractère systématique de ces désertions avait
quelque chose de vraiment effrayant pour les gens du
temps ; il leur semblait que l'Etat devait périr si toutes
les grandes familles renonçaient aux charges. C'est -
toujours une chose grave que la retraite d'une classe
dans une société, lorsqu'il n'existe rien pour la remplacer (1). Cela était, surtout, de grave conséquence
dans un pays déprimé par une mauvaise économie.

Cette émancipation était relative ; car ce que l'Etat
perdait était gagné par l'Eglise : il y avait seulement
un transfert, qui ne constituait pas une liberté de
conscience, au sens moderne du mot.

Taine a soutenu sur cette question de la liberté de
conscience une thèse singulièrement paradoxale ; il
prétend (2) que les anciens n'avaient aucune indépendance de conscience et il dit même : « Par l'institution -
du christianisme, la société civile et la société religieuse sont devenues deux empires distincts. » Mais
que faut-il entendre par la société religieuse ? Taine
observe que par l'action « du protestantisme, de la
philosophie et des sciences, les croyances spéculatives
se sont multipliées, qu'il y en a aujourd'hui presque
autant que d'esprits pensants. » Cela revient à dire
que les sociétés religieuses se sont dissoutes en grou-

______

(1) M. Boissier, parlant des reproches que l'on adressa à
saint Paulin de Nole quand il quitta la vie mondaine, dit:
« Il faut avouer que ceux qui parlaient ainsi n'avaient peut-
être pas tout à fait tort. » (Tome II, p. 65.)

(2) Taine, *Le gouvernement révolutionnaire*, p. 122.

pes temporaires, réglés par des affinités intellectuelles (1).

Dans les pays où cet émiettement existe, complètement et en toute réalité, on peut dire que les consciences *peuvent* être libres ; mais un pareil régime
n'existe point dans les pays où l'Eglise catholique
exerce une grande influence. Renan avait imaginé de
résoudre la difficulté d'une manière ingénieuse et
quelque peu paradoxale ; il aurait voulu qu'il se fît une
séparation de domaines intellectuels entre les penseurs
libres et l'Eglise ; il disait aux représentants de la
hiérarchie (2) : « Ne vous mêlez pas de ce que nous
enseignons, de ce que nous écrivons, et nous ne vous
disputerons pas le peuple ; ne nous contestez pas notre
place à l'université, à l'académie et nous vous aban-
donnons sans partage l'école de campagne... Conser-
vons au peuple son éducation religieuse, mais qu'on
nous laisse libres... On peut dire que pour l'homme
cultivé, il n'y a pas de mauvaise doctrine... La liberté
de penser dans les universités a cet avantage que
le libre-penseur, satisfait de raisonner dans sa chaire
au milieu des personnes placées au même point de vue

______

(1) Cet émiettement n'existe que dans les pays profondément protestants ; il est curieux que Taine n'ait pas vu
la cause de cette indépendance des penseurs protestants;
elle tient à l'influence de la lecture de la Bible ; ce livre
produit le même résultat sur les Juifs, qui sont tous des
penseurs hardis, que le dogme ne gêne point. Renan a
souvent signalé cet état curieux d'esprit chez les Israë-
lites.

(2) Renan, *La réforme intellectuelle et morale*, pp. 98-100.

que lui, ne songe plus à faire de la propagande parmi les gens du monde et les gens du peuple. »

Cette distinction de la société en deux catégories, soumises à des régimes intellectuels opposés, a existé plusieurs fois : la Renaissance notamment a connu une classe savante, lettrée, incrédule, séparée absolument du peuple ; jamais peut-être on n'a poussé aussi loin la hardiesse des spéculations anti-chrétiennes ; il n'est résulté rien de bon de cet état de choses : au bout de quelques années, l'Italie était soumise au despotisme le plus intolérant et le plus niais. La fin du paganisme nous montre des écoles restées païennes avec obstination, au milieu d'un pays tout occupé de disputes théologiques ; ces écoles ne produisent rien et s'éteignent d'une manière ridicule ou misérable ; les derniers philosophes païens ne sont plus occupés que de sorcellerie. La science ne gagne point à être reléguée dans les sphères éthérées : elle a besoin, pour vivre et prospérer, de puiser continuellement des principes dans la pratique industrielle ; toutes les classes doivent collaborer à son progrès.

L'Eglise n'a jamais admis, d'ailleurs, la liberté de conscience, que réclamait Renan ; et il me semble étrange que des hommes éclairés cherchent à se tromper sur ce point. Tout concordat portant sur cette liberté sera de nul effet et il faut regarder les choses telles qu'elles sont.

M. Boissier affirme que le christianisme a posé le principe de la liberté religieuse ; mais il reconnaît aussi que l'Eglise n'hésita pas à solliciter l'appui du bras séculier contre ses adversaires ; aussi se trouvet-il fort embarrassé (1) : « *Je ne puis pas croire* que lorsque [le christianisme] demandait au culte officiel de respecter les autres cultes, il n'eût en vue que son intérêt propre et son danger présent. On peut en vouloir à l'Eglise d'être devenue plus tard l'ennemie acharnée de la tolérance, mais il ne faut pas oublier qu'elle l'a réclamée avant tout le monde. »

Il me semble que la difficulté n'existe que dans l'imagination de M. Boissier ; il s'appuie sur des textes de Tertullien qui n'ont pas du tout le sens qu'il leur prête. Tertullien (2) affirme, d'une manière très nette, que le gouvernement laissait pleine liberté aux divers peuples d'adorer les dieux qu'ils préféraient. « *A nous seuls* il est interdit d'avoir une religion propre. Nous offensons les Romains, nous ne sommes plus regardés comme Romains, parce que nous adorons un dieu que les Romains ne connaissent pas. » Ce fougueux polémiste emploie contre les gentils les principes reçus par les philosophes païens, mais il ne se les approprie pas ; il demande la liberté au nom du droit laïque (3) et ses

(1) Tome I, p. 66.
(2) Tertullien, *Apologétique*, 24.
(3) On connaît la formule de l'empereur Julien : « C'est par la raison qu'il faut convaincre et instruire les hommes et non par les coups, les outrages et les supplices. » (Tome I, p. 122.) — *N. N.* M. Puech a émis sur la tolérance de saint Jean Chrysostome deux opinions légèrement différentes ; dans le volume de la *Collection des Saints*, il dit qu'en *pratique*, la bonté de son cœur devait corriger « la dureté de sa théorie » (*Saint Jean Chrysostome*, p. 104); dans son grand ouvrage de 1891, il reconnaît nettement l'intolérance de saint Jean ; « sa douceur était, dit-il, seule-

successeurs la refuseront au nom du droit ecclésiastique.

Il y a lieu, d'ailleurs, de reconnaître une évolution
dans les opinions romaines : à mesure que le goût pour
la dogmatique religieuse grandissait dans le monde,
les conceptions libérales diminuaient d'importance ;
c'est ce qui explique pourquoi les persécutions de Dèce
et de Dioclétien ressemblent tant aux persécutions
exercées par les empereurs catholiques contre les
hérétiques ; elles diffèrent complètement de tout ce
qu'on avait vu jusque-là. C'est parce qu'on ne prend
pas garde à cette évolution qu'on se rend mal compte
des événements (1).

Non seulement les païens deviennent manifestement
plus superstitieux, mais ils semblent vraiment éprouver le besoin d'avoir un système de croyances, une foi.
Dès que cela se produit, ils ont peur que les affaires de
l'Etat ne périclitent si on laisse une secte manifester

ment une tactique » (*Saint Jean Chrysostome et les mœurs
de son temps*, p. 202). Suivant ce Père de l'Eglise il est
permis d'enlever toute liberté de parler aux hérétiques,
de dissoudre leurs réunions, de les réprimer pourvu qu'on
ne les mette pas à mort.

A la fin du V⁰ livre de la *Cité de Dieu*, saint Augustin
semble menacer du bras séculier les païens qui s'avise-
raient de lui répondre en tournant en ridicule ses arguments, qui trop souvent prêtent à la raillerie.

(1) M. Boissier dit que Julien ne se montrait pas toujours
impartial ; mais il ressemblait beaucoup plus aux empereurs chrétiens qu'aux anciens empereurs. « Il tient
moins, dit Libanius, à être appelé un empereur qu'un
prêtre » (Tome I, p. 124 et p. 140).

son mépris pour les dieux. Nous savons que cette idée resta très populaire et qu'après le sac de Rome saint Augustin se crut obligé d'écrire pour défendre le christianisme attaqué par les païens à ce point de vue.

Les chrétiens adoptèrent cette théorie sans grands changements ; ils soutinrent que les malheurs de l'Empire provenaient de ce que Dieu était irrité par les persécutions. La victoire de l'Eglise avait été escomptée comme devant amener l'âge d'or. « Beaucoup de chrétiens, dit M. Boissier (1). trompés dans leurs espérances , se sentirent ébranlés dans leur foi. Leur mécompte fut si grand qu'ils en vinrent à soupçonner qu'on avait tort de prétendre que Dieu se mêlait des affaires du monde. Quant aux païens... ils se trouvaient plus que jamais autorisés à prétendre que c'était bien le christianisme qui était l'auteur des malheurs de l'Empire. » Ils ne pouvaient pas parler trop haut ; mais leurs murmures inquiétaient les évêques ; on écrivait contre eux, mais on ne leur permettait pas de répondre avec trop d'apprêté (2).

La grande préoccupation du gouvernement sera désormais d'assurer le triomphe de la vérité et d'empêcher la liberté de mal faire : c'est par de bonnes œuvres qu'on peut seulement sauver l'Empire. Il est inutile de recourir à des œuvres humaines, il faut tout attendre de Dieu. On vante, constamment, les succès

____

(1) Tome II, p. 307. Cf. A. Thierry, *Saint Jérôme*, p. 389.

(2) *N. N.* C'est M. Boissier qui le déclare lui-même. — Après la mort de Stilicon une loi avait puni de la déportation quiconque attaquerait publiquement les dogmes catholiques (A. Thierry, *Alaric,* p. 355).

des anciens, cependant ils ont eu beaucoup de mal à
triompher dans les guerres contre Carthage et Mithridate; les incrédules « ignorant le passé et affectant de
l'ignorer, quand ils voient une guerre un peu longue,
s'attaquent résolument à notre religion » ; mais on a
vu un miracle évident, que les méchants voudraient
abolir de la mémoire du public : Radagaise a été
vaincu (1) au moment où tout le monde tremblait devant lui ; Constantin a été très heureux ; il est vrai que
Gratien a été assassiné, mais il fut vengé par Théodose ; celui-ci remporta de grandes victoires ; il fit des
lois justes et très miséricordieuses contre les hérétiques (!)

Les docteurs ne prétendaient point persécuter, mais
seulement accélérer la conversion des infidèles ; Firmicus Maternus disait aux fils de Constantin, à propos
des païens (2) : « Venez au secours de ces malheureux;
il vaut mieux les sauver malgré eux, que de leur permettre de se perdre. » Ce n'était pas là un argument
d'avocat ; saint Augustin n'avait aucun doute sur cette
doctrine (3). « L'Eglise de Dieu connaît deux sortes
d'ennemis également dangereux, quoique opposés, les

(1) Saint Augustin, *Cité de Dieu*, liv. V, chapitres 23-26.
Les docteurs chrétiens n'admettaient pas que Stilicon
pût être l'auteur de la victoire ; ses services étaient embarrassants, « on les atténua, on les effaça, on les nia, » dit
A. Thierry (*Alaric*, p. 318); quelque temps après on le
tua. *Il était tolérant (Voir note finale J).*
(2) Tome I, p. 68.
(3) A. Thierry, *Alaric*, ι 355. Comparer les procédés
paternels du duc de Savoie, conseillé par saint François –
de Sales, pour convertir les protestants du Chablais.

adversaires déclarés et les indifférents. Ces lois que tu blâmes enchaînent les premiers à la manière des fous furieux ; elles secouent les seconds et les tirent d'une léthargie funeste, pour les faire veiller au salut de l'unité. Nous en avons ranimé plus d'un ; et loin de nous taxer de cruauté, ils nous remercient aujourd'hui de les avoir arrachés à un sommeil de mort. » *(Voir note finale* **L.***)*

Tout le monde trouve donc son compte à ces opérations ; les égarés sont ramenés au droit chemin, et la société attire sur elle les bénédictions de Dieu. Il faudrait être insensé pour hésiter ; — mais que devient cette liberté de conscience, introduite par le christianisme ? C'est ce que M. Boissier n'a pas cru devoir expliquer.

On faisait une distinction entre deux catégories d'hérétiques. L'Eglise était pleine d'indulgence pour la masse ; elle cherchait à la ramener et se contentait d'un accord approximatif ; c'est ce qui explique pourquoi tant d'auteurs ont pu soutenir que ses prétentions étaient fort modestes ; elle avait surtout en vue l'avenir, la génération prochaine ; et pour pouvoir l'élever dans la pure doctrine, elle avait besoin de ne pas trouver de trop fortes oppositions dans la génération actuelle.

L'Eglise ne demande qu'à transiger avec ses adversaires modérés ; saint François de Sales offrait à Théodore de Bèze de sérieux avantages pour se faire catholique ; Sainte-Beuve trouve (1) que les procédés du prélat sont fâcheux ; il s'agit de savoir s'ils sont conformes à la tradition et à la doctrine.

(1) Sainte-Beuve, *Port-Royal,* tome I, p. 263.

Quant aux chefs obstinés, toute miséricorde doit être bannie : Nestorius, déposé du siège de Constantinople, est envoyé dans un couvent ; mais là il reçoit des visites, et le pape Célestin demande qu'il soit retranché de la société des hommes qu'il s'obstine à corrompre ; on l'envoie à Pétra et de là dans l'Oasis d'Egypte. Quand on lit cette triste histoire, on croirait qu'il s'agit d'un révolutionnaire contemporain : nos conservateurs déraisonnent comme Célestin et ils croient avoir sauvé la société quand ils ont bien fait souffrir un anarchiste. Chez les bourgeois modernes, il faut tenir compte de la peur, qui arrête tout le fonctionnement intellectuel ; mais chez les docteurs chrétiens, il y avait une autre cause : tâchons de nous expliquer cette doctrine nouvelle, qui est pleine d'obscurités.

Taine décrit ainsi le changement opéré par le christianisme (1) : « Comme un bourgeon qui s'isole de sa tige et pousse à part sa racine propre, l'individu s'est détaché de la société primitive (2), clan, famille, caste ou cité dans laquelle il vivait indistinct et confondu ; il a cessé d'être un organe et un appendice : il est devenu une personne... Seul en présence de Dieu, le chrétien a senti fondre en lui, comme une cire, tous les liens qui mêlaient sa vie à la vie du groupe ; c'est qu'il est face à face avec le juge et que le juge infaillible voit les âmes telles qu'elles sont, non pas confusément et en tas, mais distinctement, une à une. »

(1) Taine, *Le gouvernement révolutionnaire*, pp. 125-126.
(2) Cette comparaison n'est point parfaite, car la branche détachée du tronc ne change pas d'espèce pour cela.

Il est certain que le christianisme a donné aux hommes une claire conscience de l'individualisation, en posant une thèse métaphysique destinée à donner la raison de l'émiettement qui s'était opéré dans l'ancienne civilisation. Mais il est faux de conclure de cet atomisme à la liberté de conscience (1). Comme le fait voir très clairement Taine, cet isolement est subordonné à la conception du *jugement de Dieu*. Il nous faut voir comment cette théorie va agir sur les idées des docteurs et comment elle va inspirer leurs constructions juridiques.

La philosophie avait dit que le vrai souverain est la *raison*. Le christianisme transforma cette thèse sur les idées en une théorie sur des personnes. Il posa l'homme devant la *raison du juge souverain*, d'un Dieu réel et sensible, ayant chair et sang, de manière à ce que le jugement ne fût pas une simple vue de la spéculation, mais une chose tangible. Le gouvernement était depuis

(1) Taine a en vue la société capitaliste moderne, formée de *bourgeois* se faisant entre eux une concurrence féroce. Dans la Cité antique les *citoyens* étaient occupés à la guerre, à l'administration de la justice, au gouvernement ; il y avait cohésion parce que tout le corps civique travaillait pour une fin politique unique. La grande différence que Taine décrit est, avant tout, une différence portant sur l'économie de la société civile. La théorie s'est constituée en partant des données de la vie réelle ; elle est un effet, non pas une cause ; elle sert à ajuster aux faits une raison métaphysique jugée suffisante par quelques personnes — et à donner une conscience plus claire de l'isolement. Cet isolement existait déjà dans la société romaine, bien qu'il fût moins apparent qu'il ne l'est de nos jours.

longtemps isolé du citoyen ; la théologie le posa comme l'activité d'un homme ou d'une corporation.

Le chrétien eut à répondre de ses actes, mais de ses actes purement personnels, comme le dit Taine. Le vrai souverain étant incommensurable avec le souverain terrestre, le fidèle cessa de se regarder comme uniquement lié par l'obligation civique et il se familiarisa avec cette idée qu'il vaut mieux obéir à Dieu qu'aux hommes. Cette conception aurait mené à l'anarchie, si vraiment le chrétien eût été abandonné seul ; mais l'Eglise est auprès de lui ; c'est pourquoi cette prétendue indépendance va se changer en une servitude absolue.

L'individu a des devoirs à remplir pour satisfaire son juge ; mais il n'est pas seul en cause ; la société a aussi une part de responsabilité dans ses actes ; il a le droit de plaider contre elle et de lui imputer ses fautes, ses négligences ; — peut-on le condamner, d'une manière bien sévère, si la société n'a rien fait pour l'empêcher de s'égarer ? Le père est coupable, dans une certaine mesure, des fautes de son fils ; le maître doit surveiller ses domestiques et les aider ; la collectivité entière porte une partie des fautes qu'elle n'a pas essayé d'empêcher.

Chaque fois qu'un égaré paraîtra au tribunal divin, il élèvera la voix contre le gouvernement, qui, par sa négligence et sa lâcheté, *lui a laissé la liberté de l'erreur*. La société porte une terrible responsabilité de ce chef : le seul parti sage à adopter pour l'Etat est de s'adresser aux hommes qui savent, qui ont sur le front le sceau de la vérité infaillible, et de les prier d'instruire et de ramener les hérétiques. Si l'Etat ne remplit pas son devoir tout entier, il court à sa perte.

Nous pouvons poser encore la question sous une autre forme. On verra au chapitre suivant que tout le monde était d'accord, à la fin de l'Empire, sur les principes suivants : le véritable objet de la science est la détermination des conditions assurant la félicité ; — cette félicité doit se réaliser surtout dans l'autre vie et Porphyre prétendait même qu'elle était incompatible avec l'existence d'un corps. Saint Augustin soutient que le christianisme donne seul le moyen universel de réaliser cette fin ; sa doctrine est donc la vraie science rationnelle absolue.

Lorsqu'une règle est ainsi reconnue comme scientifique, au sens rigoureux et étroit du mot, elle devient rapidement juridique ; l'expérience prouve, en effet, que *tout ce qui est reçu comme rationnel acquiert bientôt le droit à la réalisation*. Si l'individu ne se soumet pas de bon gré à la règle scientifique, la force de l'Etat entre en jeu et la règle devient loi positive. Parmi tant d'exemples qu'on pourrait citer, j'en prendrai un seul dans les choses contemporaines. La médecine ancienne était chose individuelle ; la génération qui nous a précédés, a vu naître l'hygiène ou médecine de la collectivité ; et nous avons vu les pratiques empiriques se transformer en règles scientifiques : l'hygiène est devenue vraiment sociale. Le jour où l'on a eu le sentiment de ce caractère de l'hygiène, on a commencé à faire des lois hygiéniques.

De tout temps on avait pris des mesures pour défendre le pays contre les épidémies ; mais il s'agissait de cas exceptionnels, qu'on ne songeait pas à ramener à des principes généraux. Petit à petit on a étendu les règlements sanitaires ; on a suivi les progrès de la science, au fur et mesure qu'elle mettait en évidence un moyen nouveau de combattre la propagation du mal dans la collectivité. Les Anglais ont été les plus fervents et les plus audacieux législateurs en matière d'hygiène et ne se sont, presque jamais, arrêtés devant le principe de la libre initiative. Aujourd'hui tout le monde est d'accord pour faire disparaître les causes de dégénérescence que réalisent les ateliers, ce mal qui, d'après Morel (1), « constitue pour les sociétés modernes un danger plus grand que ne l'était pour les sociétés anciennes l'invasion des Barbares ». Tout le monde est à peu près convaincu aujourd'hui que si le législateur ne fait pas son devoir, c'est qu'il est retenu trop souvent par la crainte de froisser les intérêts des classes dirigeantes ; à chaque proposition faite pour combattre la dégénérescence, on répond en déclarant que cela pourrait réduire les dividendes ; et il faut une pression exercée avec force pour amener des réformes. Mais ces difficultés d'ordre parlementaire importent peu quand on se borne à examiner le principe.

Les théologiens soutiennent qu'ils possèdent une science bien plus certaine que l'hygiène, une science nécessaire pour le salut des âmes des individus et pour la prospérité des Etats ; — cette science est absolue ; hors d'elle il n'y a qu'erreur et mensonge. Il est tout naturel qu'ils demandent à faire passer la théorie en acte ; ce qui est rationnel au premier chef doit devenir réel. L'intolérance est une nécessité pour toute théologie sérieuse.

____

(1) Morel, *Traité des dégénérescences*, p. 660.

Bien des doctrines modernes ont abouti aux mêmes conséquences, parce qu'elles étaient coulées dans le moule catholique. La situation du socialisme scientifique est, tout à fait, à part ; le collectivisme ne pourra jamais s'occuper des choses qui sont en dehors du domaine économique ; tous les jours on nous reproche de négliger le bric-à-brac idéaliste ; cela prouve que, de l'avis de tout le monde, nous n'avons pas la prétention de réglementer le domaine sentimental : *le socialisme scientifique peut seul assurer la complète liberté de la conscience.*

IX

La formation des milieux superstitieux. — La recherche de la
science supérieure.— Le bonheur procuré par les voies ultra-
scientifiques.

J'ai dit, au chapitre précédent, que dans la société agonisante s'était développée le goût de la dogmatique. Au commencement de notre ère personne
n'éprouvait le besoin d'avoir des formules religieuses
bien définies. « J'imagine, dit M. Boissier (1), que, du
temps de Cicéron, on regardait comme un grand bien-
fait cette indécision des croyances, qui laissait au
sage toute liberté... C'était le beau temps des libres-
penseurs, mais ce temps ne dura pas. De même qu'à
certains moments les peuples, pour échapper au désordre, aspirent au despotisme, de même il arrive aux
penseurs d'éprouver un tel désir de certitude qu'ils
sont prêts à tout sacrifier pour le satisfaire. Ils récla-
ment alors le joug avec la même ardeur qu'ils souhai-
tent ordinairement l'indépendance. »

On sait qu'à cette époque les religions asiatiques
prirent un énorme développement à Rome ; la philosophie se combina avec une démonologie insensée et

(1) Tome ii, p. 324.

lorsque Julien prétendit restaurer le paganisme, il constitua, en réalité, une chose nouvelle, l'*hellénisme*, qui ressemble beaucoup plus au christianisme qu'aux traditions antiques ; c'est pourquoi son entreprise rencontra beaucoup d'hostilité parmi les adversaires du christianisme (1).« Julien voulait en faire à toute force des mystiques et des dévots. Ils ne s'y résignèrent pas et tous ses efforts vinrent se briser contre le scepticisme léger de ces personnes d'esprit qui ne voulaient pas plus être traînées au temple qu'à l'église. »

Julien essayait (2) de constituer, par l'interprétation allégorique des légendes, une théologie, de même que le christianisme avait interprété, d'une manière tout à fait nouvelle, la Bible juive. Il voulait aussi organiser un clergé, créer un enseignement moral et religieux dans les temples. Dans ces tentatives on ne peut se dispenser de voir une imitation directe de l'œuvre chrétienne.

Si la tentative de Julien fut très artificielle, elle n'en est pas moins instructive ; elle prouva une chose importante, que M. Boissier a bien mise en évidence (3): le monde romain était mûr pour le parfait développement de la religion chrétienne, qui donnait satisfaction à ses tendances mystiques et à ses goûts pour la dogmatique. L'histoire de ce processus est difficile à connaître parce qu'on est, à tout instant, arrêté par des doutes : faut-il supposer qu'une chose passe du christianisme traditionnel dans la société païenne, ou

(1) Tome i, p. 132.
(2) Tome i, p. 117.
(3) Tome i, p.141.

bien est-ce le mouvement inverse ? On sait, par exemple, avec quelle ardeur on a discuté sur les relations de la théologie chrétienne et de la philosophie alexandrine ; longtemps on a soutenu que Sénèque devait une partie de ses idées à saint Paul. Il ne semble pas douteux que beaucoup de pratiques gnostiques sont entrées dans la vie chrétienne ; on ne sait pas exactement ce qu'étaient les gnostiques, mais il est probable qu'ils étaient tout autre chose que des hérétiques. Durant les trois premiers siècles, il y a un si complet parallélisme entre les développements religieux gnostiques, alexandrins, chrétiens, qu'il sera, probablement, toujours impossible de faire un départ exact (1).

Tous ces mouvements sont caractérisés par une démonologie qui froisse tant les lecteurs modernes.

Les néo-platoniciens sont des thaumaturges intré-

(1) *N. N.* Les exagérations des anciens écrivains ecclésiastiques ont provoqué une réaction et amené beaucoup d'auteurs à ne plus accorder assez aux influences chrétiennes. Je crois que celles-ci ont beaucoup dépassé le milieu proprement chrétien ; le christianisme a, dès le premier siècle, forcé beaucoup de personnes à se poser, d'une manière précise et *pressante,* des questions sur Dieu, l'âme, les destinées de l'homme, etc. Toute l'orientation de la pensée antique a été ainsi changée. Il faut tenir grand compte ici des cyniques ; beaucoup d'entre eux sont fortement apparentés aux mystiques chrétiens. Renan compare les philosophes contemporains de Domitien à des *moines séculiers (Les Evangiles*, pp. 288-289) : à ce moment l'Eglise romaine était déjà puissante et son *action indirecte* sur le paganisme commençait à se dessiner.

pides (1). « Eunape, qui nous a raconté leur vie, nous les montre conversant avec les dieux, voyant à distance, prédisant l'avenir, guérissant les possédés, s'élevant entre terre et ciel, quand ils font leurs prières, par la protection des puissances célestes dont ils sont les favoris. » Les génies de Jamblique ne valent pas mieux pour la raison que les diables de saint Antoine: toutes les religions du temps mettaient en œuvre une même matière sentimentale et mystique.

A la fin de l'Empire on voit les païens manifester avec une certaine ostentation (2) leur fidélité aux cultes anciens. Il faut se défier des formules des inscriptions, qui peuvent traduire tout autre chose que les sentiments profonds des nobles romains ; mais c'est déjà un indice précieux que celui que fournit la mode religieuse à une époque ; les marchands s'adressent à des gens qui font de l'art et des lettres un métier ; les produits de cette collaboration n'ont qu'une valeur très faible ; mais ils manifestent les courants généraux qui dominent dans la clientèle.

En tout cas, si beaucoup de personnages considéra-

(1) Tome ii, p. 327.

(2) Tome ii, p. 236. En 390 un grand personnage se purifie par le taurobole. « Quand on songe, dit M. Boissier, que ces sacrifices s'accomplissaient sur la colline du Vatican, on ne peut méconnaître que c'était une sorte de défi audacieux que l'ancienne religion adressait à celle qui venait prendre sa place. »

C'est par un *défi mystique* analogue qu'on a élevé, après la Commune, la basilique du Sacré-Cœur, pour affirmer que la France chrétienne ne redoute pas les menaces du parti révolutionnaire.

bles conservaient un certain scepticisme, personne n'était émancipé des superstitions magiques ; il en est beaucoup trop question dans les livres pour qu'elles n'aient pas dominé d'une manière à peu près incontestée tous les esprits. Je n'admets point que l'on fasse entrer les rites magiques dans la religion, comme une partie intégrate de celle-ci ; ce sont là des faits à part ; mais il n'en est pas moins certain que ces pratiques préparent l'esprit à recevoir l'enseignement religieux, car elles permettent la constitution d'un système d'idées fantaisistes sur la cosmologie et elles provoquent le développement de ces émotions habituelles qui forment la matière utilisée par les religions.

Une religion ne peut acquérir une vitalité durable que si elle se rajeunit, de temps à autre, par la rénovation de sa matière mystique. L'histoire du catholicisme met ce phénomène en pleine lumière ; à chaque siècle, on voit paraître des personnages, qui restent longtemps énigmatiques, autour desquels se forment des légendes reçues difficilement dans le monde des théologiens ; souvent même les grands mystiques ont beaucoup à souffrir des docteurs qui ne comprennent rien à leur état ; le rôle de la théologie vient plus tard : quand une dévotion est devenue populaire, les professeurs l'expliquent et trouvent moyen de la faire entrer dans la tradition.

C'est par ces procédés que le catholicisme se renouvelle continuellement, profitant de toutes les évolutions mystiques, occultistes, qui se produisent dans le monde. Le protestantisme et le judaïsme ne possèdent point cette puissance de régénération et ils aboutissent à une sublimation du sentiment religieux, qui finit par se traduire dans les consciences par un simple sentiment esthétique.

De nos jours les progrès du catholicisme seraient inexplicables si on ne tenait pas compte de deux éléments essentiels : les théories occultistes, qui appauvrissent le cerveau de beaucoup de jeunes gens surmenés, — les manifestations de la piété sous des formes nouvelles et souvent grossières, qui font le désespoir des catholiques éclairés, mais qui assurent une vie puissante à leur religion. Il est probable que le gnosticisme a exercé, au premier siècle de l'ère chrétienne, une influence analogue à celle que l'on voit aujourd'hui produite par l'occultisme, sous des formes très variées. Ce que les Pères nous ont décrit sous le nom de gnosticisme constitue, déjà, un état intermédiaire, qui permet de saisir comment le christianisme s'introduisait dans ces milieux et d'assister à l'évolution de la pensée religieuse. Beaucoup de théologiens voient, avec plaisir, se produire les courants occultistes, parce qu'ils pensent que c'est un premier pas dans une voie qu'on ne parcourt guère que dans un sens : celui qui croit aux phénomènes merveilleux ne diffère guère du pèlerin qui va à Lourdes ; qu'il survienne le moindre incident, il passera dans le monde catholique.

Les hommes du xviiie siècle se figuraient que le progrès des lumières était si grand qu'il fermerait tout retour vers les idées religieuses ; le catholicisme leur paraissait une chose bien morte ; l'expérience nous a montré qu'ils s'étaient bien trompés. La libre-pensée n'a pas duré en France même aussi longtemps qu'à Rome ; le monde a bientôt été désireux de dogmatique et a couru après la servitude de l'esprit. Mais avant d'atteindre la renaissance catholique contemporaine, il a fallu traverser une période intermédiaire, dont les tendances se sont affirmées, tout d'abord, dans le sentimentalisme de Jean-Jacques, grand ennemi des athées, des philosophes incrédules de son temps (1). Sont venues ensuite les sorcelleries des thaumaturges et des sottises de diverses sortes. *(Voir note finale* M).

De tout temps, le monde produit des fabricants d'utopies mystiques ; mais quand les circonstances ne sont pas favorables, ces grands hommes demeurent de simples toqués ; si le terrain est propice, on voit leurs idées prendre un grand développement. Jamais les insanités théurgiques ne manqueront ; ce sont choses faciles à imaginer ; et il est tout à fait puéril de chercher à pénétrer les causes qui ont amené un personnage à inventer un système plutôt qu'un autre ; ces systèmes sont formés au moyen d'éléments pris, avec plus ou moins de talent artistique, dans les traditions ou dans l'observation du milieu. Ce qui est intéressant c'est de savoir pourquoi des conceptions aussi folles ont pu avoir du succès et pourquoi on a passé d'une période d'incrédulité à une période de crédulité excessive ; dire que c'est par réaction, comme M. Boissier, ce n'est rien dire du tout.

(1) Gustave III se confessa à Zinnendorf « d'avoir partagé les doctrines des Encyclopédistes ; il s'en repentait et attendait de la science nouvelle toute lumière. » (Geffroy, *Gustave III et la Cour de France,* tome II, p. 258.)

Jamais on n'a tant pleuré, tant sangloté qu'au XVIIIe siècle; ce qu'il y a d'admirable c'est que tous ces pleurnicheurs étaient profondément sincères !

Il est très essentiel d'examiner cette question avec quelque détail, parce que les ennemis du socialisme s'imaginent souvent qu'ils viendraient facilement à bout de leurs adversaires par la propagande sentimentale, ou même la propagande religieuse. Il est donc très important de savoir quelles sont les causes qui favorisent le passage d'une période sceptique à une période mystique.

Le principe de toute philosophie théurgique est celui-ci : *chercher un savoir personnel supérieur à la science, une communication extraordinaire avec des principes qui restent inaccessibles aux raisonneurs matérialistes.* Ces tendances sont aristocratiques et elles ne peuvent trouver un meilleur terrain que celui que leur offre notre riche bourgeoisie moderne.

Les conditions économiques fournissent à l'homme des cadres dont il est très difficile de s'affranchir ; quelques penseurs isolés peuvent raisonner d'une manière indépendante, mais cela n'est pas possible pour les groupes nombreux ; une collectivité est rivée aux catégories économiques comme l'individu est rivé à son système nerveux.

La bourgeoisie traduit sa théorie de l'ordre économique de la manière suivante : *Tout est inégal effectivement dans le monde ; les hommes ont des droits égaux à occuper toutes les positions de la hiérarchie* (1) ; *mais en réalité ces positions sont la récom-*

(1) Il faut noter que sans cette *égalité mystique* les sciences occultes ne peuvent pas se développer. Les aristocraties de naissance se dissolvent dès qu'elles sont atteintes par les tendances mystiques.

On a souvent reproché au catholicisme d'avoir aban-

*pense de la volonté bien dirigée et de l'activité bien
employée.* On a résumé cette formule sous une forme
paradoxale en disant que l'égalité était un droit égal
à des situations inégales ; mais comment concilier les
deux éléments contradictoires ? C'est ici qu'interviennent le talent, le mérite, l'effort et autres puissances
occultes qu'il serait plus simple d'appeler tout simplement la *grâce*, en donnant à ce mot un sens un peu
plus large que celui qu'on lui attribue en théologie.

Cette théorie de l'inégalité économique se traduit
immédiatement dans le monde de l'intelligence par
une théorie de la connaissance. Si l'on veut appliquer
des qualificatifs éthiques à la science, on doit dire qu'elle
appartient à la catégorie de l'égalité ; en effet elle est
anonyme, distribuée à tout le monde, réalisée dans les
œuvres sociales. Cette égalité est insupportable aux
privilégiés d'une classe bourgeoise ; ils veulent quelque chose de personnel, de supérieur à ce qui est au
fonds commun ; ils entendent qu'on réponde à des
problèmes que suscitent leurs curiosités ou leurs émotions et demandent à acquérir, *par la bonne direction
de la volonté*, des connaissances inaccessibles aux
êtres plongés dans des occupations viles.

La construction de la science est une opération col

donné les principes égalitaires et communistes des premiers
chrétiens ; d'autres auteurs soutiennent qu'il n'y a de vraie
et complète égalité que dans l'Eglise ; — tous ont raison. Il
ne peut y avoir de démocratie là où règne la grâce et la
grâce ne peut être subordonnée aux hasards humains de la
naissance. La démocratie catholique n'a jamais pu exister
que dans l'imagination des poètes.

lective, tout comme la production des utilités économiques ; mais la bourgeoisie nie le collectivisme dans tous les cas ; elle prétend qu'il y a dans l'atelier un élément supérieur, un facteur décisif, c'est la *volonté* du directeur de l'œuvre ; cet élément aristocratique ne peut pas être confondu avec les éléments prolétariens soumis à la mesure. A lui revient le profit, c'est-à-dire une *rémunération mystérieuse*, sur laquelle les économistes n'aiment pas à s'expliquer avec netteté. Le profit est tout ce qui reste lorsqu'on a payé les matières, nourri tant bien que mal les prolétaires ; c'est la récompense du mérite personnel, la prime du génie audacieux. La société est-elle prospère, l'homme de mérite prélève une part plus grande sur le produit collectif ; les affaires marchent-elles mal, il réclame, comme un droit, un régime douanier protecteur ; le premier devoir d'un gouvernement est d'assurer la permanence des profits, de consolider les droits acquis.

Ces idées hiérarchiques étant données, comment une société peut-elle se contenter d'une science commune? L'homme de génie construit des mécanismes plus ingénieux, mieux appropriés, pour exprimer la loi. Mais cette loi existait dans le milieu cosmique, éternelle et immuable ; ce qui manquait, c'était l'établissement des supports expressifs, capables de la faire passer du *milieu cosmique* dans le *milieu artificiel* où elle se réalise, identique à elle-même, par des mouvements d'une espèce nouvelle ; ce que l'un n'a pas fait, un autre le fera ; et même, rien n'est l'œuvre d'un homme ; chaque découverte est un perfectionnement apporté à un mécanisme imparfait ; l'inventeur est celui qui fait marcher l'appareil. Une fois le travail préparatoire effectué, le mouvement se produit aussi bien pour le prolétaire que pour l'académicien. *(Voir note finale* N).

Ce n'est pas cela qui peut satisfaire les tendances hiérarchiques d'une société comme la nôtre, comme celle du XVIIIe siècle, comme celle de la Rome impériale. Il faut qu'il existe un savoir supérieur adapté aux êtres supérieurs. La science matérialiste ne suffisant pas, on demande l'appui de l'occultisme (1).

On peut reconnaître l'existence de deux grands courants, qui se produisent rarement à l'état pur. Certaines personnes imaginent que le savoir supérieur peut être obtenu en dehors des voies du progrès machinal ; — qu'il exige l'intervention d'êtres doués de constitutions extraordinaires ; — que, pour arriver à ce degré extraordinaire de la connaissance, il faut s'exercer, parce que les phénomènes à observer sont très délicats ; — que certains rites, absurdes en appa-

(1) Cela se produit, non seulement dans la doctrine, mais aussi dans les actes ; ainsi l'homme élevé en dignité ne veut être traité comme un ouvrier ; il s'imagine qu'il y a des secrets médicaux pour les riches. Dans le *Malade imaginaire*, Diafoirus se plaint vivement des grands : « Quand ils viennent à être malades, ils veulent absolument que leurs médecins les guérissent. » Si la science officielle ne réussit pas, on appelle l'homéopathe, on achète des globules de *scrof* ou de l'électricité verte du comte Matteï, on consulte la somnambule, on va chez le curé Kneipp. *Les superstitions médicales sont d'autant plus solidement ancrées dans l'esprit que le rang du malade est plus élevé.*

rence, peuvent renfermer des relations physiques intéressantes ; — que, d'ailleurs, l'homme ne saurait sans déchoir négliger de tout approfondir. D'autres, au contraire, transportent le problème, presque de suite, dans le monde moral ; ils disent que le savoir cherché ne peut être trouvé que par des individus qui sont devenus *spirituels* et qu'une préparation mystique est nécessaire. Ces derniers sont les plus nombreux, les plus influents ; ils attirent à eux presque tous les adhérents des thèses occultistes.

Le premier système a peu de solidité ; pour l'adopter et surtout pour le conserver, il faut être dominé par de très forts préjugés scientifiques. Les préjugés scientifiques peuvent, souvent, nous empêcher de voir, mais ils n'ont de force que si nous éprouvons une émotion notable. Les biologistes qui s'expliquent les sensations par le mouvement vibratoire d'un fluide, font une hypothèse gratuite, mais à laquelle ils peuvent tenir, la considérant comme opposée au spiritualisme qu'ils *détestent :* leur préjugé a une certaine solidité, en ce sens qu'aucun autre préjugé scientifique ne pourra être accepté par eux. Il est naturel qu'ils croient à une action externe de ce fluide, soit à faible distance, soit à notable distance ; et on sait que c'est ainsi que Despine et beaucoup de magnétiseurs se sont représenté la chose. Le ton de sentiment qui s'attache à l'hypothèse, empêche ces savants de discuter, en toute indépendance, les prétendues expériences des médiums et leur permet de voir des choses qui ne sont pas ; ils ne peuvent observer, parce que leur esprit n'est pas libre. Le point essentiel serait de savoir pourquoi cette tyrannie émotionnelle existe ; sans aucun doute, les savants subissent ici une influence de mode : lorsque la pression du milieu s'accentue, c'est à qui trouvera des phénomènes de plus en plus merveilleux ; lorsqu'elle faiblit, on ne voit plus rien. C'est ce qu'on peut appeler *l'occultisme scientifique.*

Dans l'antiquité, les conceptions des néo-platoniciens sur les astres, sur les puissances naturelles, ont favorisé le développement des superstitions chez des gens, d'ailleurs très perspicaces. Dans les temps modernes les idées vitalistes, certaines formes de matérialisme, ont agi de la même manière, soit au XVIIIe siècle, soit de nos jours. Mais je ne crois pas que cela puisse expliquer les grands occultistes ; *l'occultisme scientifique* est, à leurs yeux, une préparation destinée à vaincre certains préjugés ; mais ils ne s'intéressent qu'aux résultats moraux et religieux. Il faut savoir pourquoi, à certaines époques, le public acclame, avec tant d'enthousiasme, les adversaires de la science. Le premier système constitue une investigation vicieuse ; — le second est une *négation consciente* de la science ; c'est lui qu'il est surtout intéressant d'étudier, d'abord parce qu'il a des allures plus nettes et aussi parce que c'est lui qui, à certaines époques, produit un état d'esprit favorable à l'occultisme scientifique. Avec son appui, celui-ci peut exercer une influence considérable et corrompre l'intelligence des hommes les plus sérieux. Il faut donc chercher pourquoi cette négation de la science se produit, se développe et devient un grand phénomène social.

Ici, intervient une puissance considérable, dont on ne tient pas assez compte dans l'histoire des aberrations de l'esprit humain. Toutes les fois que l'occultisme se développe, avec force, dans un milieu, c'est que les savants, par leur charlatanisme et leurs hâbleries ont jeté les esprits éclairés du côté de l'idéalisme. Les idéalistes n'ont pas de peine alors à montrer que les libres-penseurs prétendent constituer, sous prétexte de science, une métaphysique arbitraire ; ils font la critique de cette métaphysique et ils mettent d'ordinaire les gens d'esprit de leur côté, en ridiculisant les Purgon et les Diafoirus qui se transforment en prophètes et fabriquent des dogmes. « A quoi bon remplacer une chaîne par une autre ? Dans l'embarras du choix, mieux vaudrait choisir celle qui se prête le mieux aux développements poétiques. Quel bénéfice avons-nous à recevoir de mauvaises hypothèses inutiles, embêtantes, exprimées dans le langage le plus rebutant ? Pourquoi, après avoir rejeté la tyrannie de Faculté de théologie, aller accepter la tyrannie de la Faculté des sciences, ou de la Faculté de médecine ? Est-ce que les savants ne se sont pas aussi souvent trompés que les théologiens ? Tous les jours ne s'accablent-ils pas d'injures tout comme faisaient Tomès et Desfonandrès dans Molière ? Que la science se renferme dans ce qu'elle sait scientifiquement. »

Voilà, à peu près, je crois, l'argumentation des idéalistes modernes ; elle a une valeur qu'il serait puéril de nier ; c'est à la science de ne pas se rendre grotesque.

Dans l'antiquité, la science, appuyée sur l'industrie, était peu importante ; le mécanisme était à peu près incompris ; la médecine était la seule branche du savoir qui fût, sérieusement, cultivée durant les pre-

miers siècles de notre ère. Mais la médecine est, de
toutes les connaissances, celle qui prépare le mieux à
la superstition et celle qui a le plus de peine à se
débarrasser des thèmes démonologiques.

Jusqu'à notre époque, elle avait conservé un caractère mystérieux, prêtant au charlatanisme. Un
savant aussi distingué que Galien ne se gênait pas
pour calculer les moyens d'éblouir le public ; il nous
a conservé de nombreux exemples de ses petites ruses:
aussi le philosophe Glaucon lui dit (1) : « Hier Gorgias
et Apelas m'ont appris que vous aviez fait des diag-
nostics et des pronostics qui touchent plutôt à la divi-
nation qu'à l'art médical. »

Le monde romain était donc parfaitement préparé
à recevoir les superstitions mystiques de toute nature ;
rien ne pouvait blesser des gens qui avaient une très
pauvre idée des conditions de la science.

Le vrai occultisme possède une force particulière
d'expansion ; il vient se substituer à la science : *la
science ne donne pas, directement, le bonheur*. Le
bonheur, le plaisir, les émotions douces, sont les
choses que le bourgeois, le noble, l'homme distingué,
considèrent comme le but immédiat de l'effort. La
science, en tant que chose sociale, agit d'une manière
incessante et prodigieusement puissante pour le
bien-être de la collectivité (2) ; mais ce bien-être

(1) Galien, *Des lieux affectés*, liv. V, chap. 9. Là se
trouve le récit détaillé d'un diagnostic qui étonne fortement Glaucon et un médecin sicilien malade du foie ; toute
cette scène est caractéristique et burlesque.

(2) Observer à ce sujet l'importance tous les jours crois-
sante de la médecine collective ou hygiène.

n'est pas ce que recherchent les gens qui s'adressent à l'occultisme : ils demandent un bonheur individuel. On a souvent dit que l'inventeur travaille beaucoup plus pour les autres que pour lui ; si, par hasard, il tire profit de sa découverte, ce qui lui revient est, d'ordinaire, insignifiant par rapport aux avantages que retirent ceux qui, *légalement*, (1) représentent la collectivité et s'attribuent ce qui devrait revenir à tous.

Les bourgeois ne sont pas encore satisfaits de cette prélibation, qui résulte du privilège économique de leur classe : ils veulent un bonheur qui leur appartienne en propre et qui leur soit dévolu par une grâce personnelle. C'est le dernier mot de l'individualisme.

La poursuite du bonheur par les voies d'un savoir ultra-scientifique, c'est la grande force de l'occultisme dans tous les temps ; parfois cette poursuite est inconsciente et on s'attache aux superstitions sans trop se rendre compte de l'attrait qu'elles ont et des émotions qu'elles provoquent en nous.

C'est une loi psychologique certaine qu'aucune de ces croyances ne peut s'introduire en nous s'il n'y a pas une émotion qui lui ouvre le chemin et gêne notre faculté critique.

Les néo-platoniciens disaient que (2) « le principe

______

(1) *N. N.* Marx a souvent fait observer que ce qu'on appelle l'intérêt national, n'est autre que l'intérêt de la bourgeoisie, qui se considère comme identifiée avec ce qu'il y a de général dans la société. Elle s'attribue notamment les avantages qui dérivent du progrès scientifique.

(2) Saint Augustin, *Cité de Dieu*, liv. X, chap. 2.

de notre félicité est aussi celui de la félicité des anges, c'est-à-dire une lumière intellectuelle qui les éclaire, qui, en les pénétrant de ses rayons, les rend parfaits et bienheureux. » La grande question était d'arriver à réaliser l'union divine et toute l'évolution de la philosophie païenne durant cette période roule sur ce point; chacun cherche de son côté les moyens de réaliser cette félicité suprême. La discussion engagée par saint Augustin contre Porphyre dans le Xe livre de la *Cité de Dieu*, est fort instructive, parce qu'on voit que tout le monde était, alors, d'accord sur les principes (1) : on ne différait que sur les moyens ; saint Augustin trouve que les procédés indiqués par les païens sont illogiques, incertains et souvent dangereux, d'après les propres témoignages de ses adversaires ; — le christianisme est bien supérieur parce qu'il fournit une formule certaine, la voie universelle de la délivrance de l'âme, alors que Porphyre reconnaît, d'une manière expresse, qu'il ne connaît point de solution universelle.

En général, toute *période sceptique prépare sa propre ruine en exaltant la recherche des jouissances;* les hommes à qui l'on parle toujours de bonheur et qui ne le trouvent pas dans l'accomplisse-

(1) Pour quelques points, on peut se demander si saint Augustin n'exagère pas le christianisme inconscient de Porphyre; il ne paraît pas douter de l'accord à peu près unanime des philosophes sur la Trinité et il reproche à Porphyre de ne pas avoir été clair au sujet du Saint-Esprit. Il a beaucoup de peine à expliquer pourquoi son adversaire n'était pas chrétien ; il ne voit d'autre cause que l'orgueil.

ment de leurs tâches ordinaires, éprouvent un véritable malaise, qui ne tarde pas à se faire jour dès que la société acquiert la claire conscience du *sérieux de la vie* et de la légèreté des bavardages à la mode. A ce moment apparaît ce qu'on appelle parfois le mal religieux. Il est certain que durant les premiers siècles de notre ère, le monde romain a été sous l'influence de ce malaise : « C'est vers les cultes orientaux (1), dit Renan, que se tournaient les âmes tourmentées du mal religieux, les femmes surtout. L'entraînement de ce côté était quelque chose de surprenant. Ces cultes d'Isis, de Sérapis, de Mithra (2) avaient quelque chose de plus tendre, de plus dévot que les cultes grecs et latins, si grossiers, si arides. » (*Voir note finale* O.)

(1) Renan, *Hist. d'Israël*, tome v, p. 243.
(2) *N. N.* Renan me semble avoir eu tort de confondre le mithraïsme avec les cultes dévots de l'Asie ; tout semble indiquer que le mithraïsme était une religion austère et dure, qui n'attirait pas du tout les femmes, bien qu'il y ait eu des vierges consacrées à Mithra. (Gasquet, *Essai sur le culte et les mystères de Mithra*, pp. 81-86 et pp. 101-102.) Renan a cru que le mithraïsme aurait pu prendre la place du christianisme ; M. Gasquet et M. Gebhardt (*Débats*, 13 décembre 1899) contestent cette appréciation ; mais la véritable interprétation sociologique du mithraïsme est encore à donner ; était-ce même une religion ? pourquoi n'a-t-il pas été persécuté alors que le manichéisme l'a été, bien qu'on suppose qu'ils furent tous deux importés de la Perse ?

X

Il ne serait pas possible d'étudier ici, d'une manière
suffisamment approfondie, les causes essentielles du
triomphe des idées chrétiennes ; mais il est intéressant
de signaler quelques raisons qui ont donné tant d'importance à l'Eglise pendant que l'Etat faiblissait ; j'ai
déjà dit que les attributions de l'Etat se transférèrent
à l'Eglise : pour que cela puisse se faire, il faut réunir
deux conditions essentielles :

1º L'Eglise est posée comme étant rationnellement
un être juridique ; comme elle n'a pas la force à sa
disposition, elle ne peut fonder son droit que sur la
science ;

2º L'Eglise trouve dans la propagande sentimentale
des ressources lui permettant d'avoir un budget
et d'assurer les services sociaux de la collectivité
qu'elle réalise.

Autant qu'on peut pénétrer dans l'histoire du premier christianisme, on trouve ces deux principes en
action incessante. Sur ce point, les auteurs catholiques

me semblent être bien plus dans le vrai que les protestants modernes, qui imaginent une primitive Eglise sur le modèle de leurs sociétés religieuses, fondées uniquement sur des affinités théologiques ; il est bien probable, cependant, qu'il a existé des groupes analogues aux groupes protestants modernes ; mais cela s'est produit surtout chez les hérétiques et en particulier chez les gnostiques ; la grande Eglise a ensuite tout ramené à elle ; elle a absorbé et utilisé les contingents libres, mais elle n'est pas née d'eux ; son histoire est autonome.

Les païens intelligents observèrent, très bien, que l'organisation économique de l'Eglise jouait un rôle de premier ordre dans la propagande. On a sur ce point le témoignage de l'empereur Julien, qui écrit au grand prêtre de Galatie (1) : « Il serait honteux, quand les Juifs n'ont pas un mendiant, que les impies galiléens nourrissent les nôtres avec les leurs, que ceux de notre culte fussent dépourvus des secours que nous leur devons. » En conséquence, il recommandait au clergé païen réformé d'imiter les pratiques chrétiennes, « l'humanité envers les étrangers, le soin d'inhumer honorablement les morts, la sainteté apparente de la vie. »

De nos jours nous voyons l'Eglise faire un énorme effort pour renouveler sa vie économique ; c'est là un des phénomènes les plus marquants du siècle. Avant que les tendances socialistes eussent pris une si grande importance dans les systèmes d'opinions reçues, il existait un mouvement bien marqué pour la restric-

______

(1) Tome i, p. 120.

tion de l'Etat ; les esprits libéraux voulaient lui enlever toute influence dans le domaine de l'économie. L'Eglise profita de cette situation pour réclamer son affranchissement : elle demandait à être reconnue comme une puissance autonome, ayant toute facilité pour accomplir sa mission ; les hommes politiques les plus distingués croyaient *démontré* que la solution de tous les conflits était comprise dans la formule négative, *l'Eglise libre dans l'Etat libre.* Les jurisconsultes seuls protestaient au nom des traditions du droit monarchique ; mais ces traditions, violemment brisées par la Révolution, étaient vraiment sans force et ne constituaient plus que des fictions. L'Eglise existe depuis longtemps ; elle a une hiérarchie, une administration, parfaitement familières à tout le monde ; les personnes qui s'en tiennent aux systèmes d'opinions reçues, n'ont guère l'idée de contester l'existence de fait de l'Eglise et, depuis qu'il n'y a plus de religion d'Etat, il semble évident que le catholicisme est, en droit, une puissance indépendante, vivant de sa vie propre sous la protection du gouvernement civil. Les mesures prises sur les matières mixtes sont considérées comme n'ayant qu'une valeur temporaire, nécessitées par la transition de l'ancien régime à la liberté, de même que la législation industrielle n'est aussi (pour les économistes) qu'une dérogation accidentelle aux principes.

L'Eglise comprit très bien qu'elle avait une place à occuper sur le terrain abandonné et elle essaya d'opérer un transfert analogue à celui qui s'était réalisé à la fin du paganisme. Elle chercha à se dégager de certaines traditions timides et voulut prendre la direction de toutes les manifestations de la vie collective, s'il était possible. Les anciennes œuvres pies avaient été, le plus souvent, laïcisées durant la Révolution ; ce qui, d'ailleurs, en restait au xviiiᵉ siècle. avait été bien misérable. Le clergé s'efforça d'avoir la haute main dans tous ces établissements, qui ne dépendaient plus de lui d'une manière exclusive : c'est ainsi qu'il tenait beaucoup à ce que les hôpitaux civils fussent desservis par des religieuses, parce que c'était un moyen d'affirmer que l'assistance publique est une institution catholique ; cette affirmation se traduisait dans un drame tangible tous les jours.

Mais ce qui est vraiment nouveau c'est la multiplication des hospices de vieillards, des orphelinats, des maisons de refuge. La vie religieuse a été transformée de fond en comble : tandis qu'autrefois la femme ne pouvait rien faire de plus beau que de se cloîtrer et de mortifier sa chair, aujourd'hui on la voit partout, prodiguant ses soins aux nécessiteux, inventant des formes ingénieuses de charité. Cela n'a pas été sans inquiéter certaines âmes pieuses, qui estiment que ces congrégations ne valent pas les grands ordres mystiques d'autrefois ; mais on se tait, parce que tout le monde comprend les grands avantages que l'Eglise peut retirer de cette tactique (1).

(1) *N. N.* Havet dit à propos des sœurs de charité : « Cette création est venue quand le monde commençait à échapper à l'Eglise de tous côtés et l'esprit qui l'a faite est l'esprit moderne et va en sens contraire de l'esprit monastique. Je ne croirais pas être trop hardi en disant que dans la sœur de charité Vincent a laïcisé la nonne du Moyen Age ». (*Le christianisme*, t. iv, pp. 414-415.)

Mais en même temps que ce phénomène se produisait, les idées socialistes pénétraient de toutes parts et une nouvelle conception de l'assistance publique devenait populaire. On comprenait que l'Etat laïque ne pouvait se désintéresser de ces œuvres ; les départements, les Communes faisaient de grandes dépenses pour améliorer les conditions d'existence des enfants, des aliénés, des débiles de toute nature. On n'avait pas une théorie bien scientifique de ces opérations ; on faisait appel à la solidarité humaine et autres fantômes ; — mais l'ouvrier raisonnait ; il regardait l'assistance publique comme une manifestation collectiviste, n'ayant aucun rapport, même indirect, avec la charité ; — cette conception grandissait avec une rapidité foudroyante et amenait à concevoir les assurances ouvrières, les caisses de secours, les asiles temporaires, les cantines économiques, etc., comme des institutions d'ordre public, et non pas comme des institutions charitables.

L'Eglise ne semble pas s'être rendu un compte bien exact de ces phénomènes ; elle croit que les francs-maçons veulent la tracasser, en laïcisant la charité (1); elle ne désespère point et elle fait de grands sacrifices pour devancer ses concurrents ; de nouvelles œuvres pourront se fonder, mais le résultat ne sera pas changé ; *l'ouvrier a, de plus en plus, le sentiment que la charité chrétienne ne répond pas aux données scientifiques actuelles.*

(1) On peut rattacher à la même lutte la laïcisation de l'école, qui a été suivie de mesures franchement collectivistes pour faciliter la fréquentation des classes (gratuité, délivrance de costumes, repas, etc.).

Ainsi l'Eglise, considérée comme être juridique, perd son prestige tous les jours ; elle n'est pas discutée par les professeurs ; mais ceux-ci comptent pour peu de chose et le peuple ne les écoute pas, étant persuadé, en général, qu'ils sont payés pour le tromper. La vraie démonstration pour le peuple est la preuve concrète, sensible, celle des faits de la vie journalière ; il est évident que ces faits lui montrent que l'Eglise n'est plus un être scientifique et rationnel, ayant un domaine propre : elle n'est plus à ses yeux qu'une association de gens intéressés au maintien de l'ordre actuel, fort habiles et fort ingénieux dans leurs essais d'organisation. On ne peut plus dire, aujourd'hui, que la société a besoin de la charité et que la charité est, par sa nature, une chose de l'Eglise. Le prolétaire a acquis a claire conscience que les œuvres appelées autrefois pies sont des œuvres collectivistes, qui doivent dépendre des forces qui, actuellement, gouvernent la société laïque.

Pour entretenir les œuvres, il faut beaucoup d'argent ; et le régime fiscal de l'Eglise est d'ordinaire peu satisfaisant. Dès l'origine, elle a cherché à se faire faire des dons et à acquérir des biens ; il semble aussi que, durant longtemps, les fidèles se traitèrent comme des solidaires : c'est ainsi que l'on peut comprendre un passage fameux de Tertullien (1): « Nous étendons la fraternité jusqu'à faire part aux autres des biens

____

(1) Tertullien, *Apologétique*, 39. Les communautés juives, dans les pays où existe la persécution, ont une solidarité étonnante ; on pourrait dire d'elles tout ce que Tertullien dit des communautés chrétiennes.

qui chez vous divisent tous les jours les frères. Ne faisant tous qu'un cœur et qu'une âme, pourrions-nous avoir de la répugnance à communiquer nos biens? Tout est commun parmi nous, hors les femmes. »

Cette solidarité ne peut exister dès que la communauté religieuse primitive devient une province de la *Cité de Dieu* ; il faut alors recourir à d'autres procédés : un corps ecclésiastique se sépare, *économiquement*, du groupe des fidèles ; il y a des gouvernants et des sujets tout comme dans la vie civile ; si on parle encore de solidarité, c'est pour toucher le cœur des contribuables et attirer leur argent dans la caisse de l'Eglise ; — les politiciens agissent de même : ils ont toujours le mot de patrie à la bouche quand ils ont besoin de développer dans le peuple les sentiments de *soumission envers le pouvoir*.

Beaucoup d'utopistes contemporains soutiennent que l'Eglise pourrait vivre sans ressources réglées et ils disent qu'en Amérique les choses se passent ainsi. Mais l'Amérique est le pays des médiums ; nulle part la sottise, le snobisme et l'hystérie ne sont aussi développés ; la réclame la plus effrontée est reçue chez les Yankees et nulle part le capitalisme ne se développe avec un pareil luxe de pilleries et de scandales. Dans un pareil milieu, les Eglises peuvent exploiter les fidèles avec un complet sans-façon et cela ne blessse personne ; mais il n'en est pas de même dans nos pays.

L'Eglise comprend parfaitement ces difficultés ; aussi tient-elle beaucoup à avoir le plus de ressources régulières possible. Autrefois, elle cherchait à acquérir des immeubles ; aujourd'hui, beaucoup de gens sérieux voudraient la voir profiter des avantages que peuvent offrir à de gros capitalistes les exploitations industrielles. M. Bontoux insiste beaucoup sur l'utilité que présenteraient le *Trésor de Saint-Pierre* et le *Trésor de la charité catholique*, qu'il allait fonder au moment où s'est produite la débâcle de l'*Union générale* (1). « La constitution d'un domaine mobilier mis à l'abri des perturbations politiques, soustrait aux convoitises de la société civile, donnant aux catholiques du monde entier l'assurance d'établir sur de larges bases le budget nécessaire du Saint-Siège et aux catholiques de France la certitude de maintenir la liberté de leurs fondations, la perpétuité de leurs œuvres, tel était, *tel est toujours le but à atteindre.* » Déjà, bien des fois, l'Eglise a employé ses capitaux à commanditer des industries ; mais par un singulier hasard, les banques et les usines catholiques finissent tristement.

A la fin de l'Empire romain on était blasé sur tous les crimes ; les fortunes scandaleuses des affranchis, dont l'origine était souvent inavouable, étaient choses devenues familières. On ne pouvait pas se montrer très difficile sur les procédés employés pour ramasser de l'argent ; les procédés que l'Eglise employait n'étaient pas toujours des plus corrects ; il y a trop souvent des femmes dans ces histoires, et des femmes dont le mal hystérique semble trop souvent incontestable. C'est là une des nécessités de toute économie sentimentale ; il est à peine nécessaire d'insister sur ce point ; car tout

(1) Bontoux, *L'Union générale, sa vie, sa mort, son programme*, p. 244.

le monde a pu voir des exemples de ces influences néfastes. (*Voir note finale* O.)

Je trouve dans A. Thierry un récit que l'auteur considère, avec raison, comme (1) « un des documents les plus originaux et les plus intéressants de l'histoire de ce temps si peu et si mal connu. » On y voit, très clairement, quels principes dirigeaient les chefs les plus éminents de l'Eglise dans les questions économiques.

Pinianus, riche patricien, et sa femme s'étaient retirés en Afrique à Tagaste, près de l'évêque Alypius ; ils eurent la malencontreuse idée d'aller passer quelques jours à Hippone, pour s'entretenir avec saint Augustin. Le clergé de la ville et cette clientèle de lazzaroni (2) que l'Eglise a toujours eue à sa disposition, formèrent le complot de s'emparer des biens de Pinianus ; pour cela il suffisait de le faire ordonner prêtre de gré ou de force. « On était à l'affût des gens riches, on les attirait, on leur tendait des pièges, souvent même on les violentait ; et telle élection qui paraissait de loin une illumination de l'Esprit divin, n'était souvent au fond qu'un ténébreux calcul de Satan. »

Un jour une émeute éclata à l'église (3) ; saint Augustin trouva moyen de tout arranger : Pinianus et sa

______

(1) A. Thierry, *Saint Jérôme*, pp. 480-490.

(2) Les lazzaroni, nourris par la charité catholique, ont été les grands adversaires de nos armées révolutionnaires ; les soldats de la foi n'étaient pas très redoutables sur le champ de bataille ; mais ils étaient merveilleux pour assassiner et pour torturer.

(3) Les chefs connus de l'émeute étaient des dignitaires du clergé. (*Voir note finale* P.)

femme durent s'engager à ne pas quitter la ville. L'évêque Alypius, qui avait fui durant les troubles pour ne pas être écharpé par les ouailles de saint Augustin, représenta à son ami qu'un serment extorqué ne compte pas ; la mère de Pinianus reprocha vivement au grand docteur de l'Eglise d'avoir laissé violer la liberté dans son sanctuaire et d'avoir permis qu'on transformât son fils en un esclave.

« Les réponses de saint Augustin, dit A. Thierry, dénotent un manifeste embarras. » Je ne suis pas bien sûr que ce soit la véritable appréciation à porter. Le docteur ne se place pas sur le terrain des faits ; il ne veut rien savoir de ce qui s'est passé ; chef de l'Eglise d'Hippone, il défend, juridiquement, les *intérêts* de son Eglise, dans le conflit soulevé. Il est difficile de trouver un meilleur exemple pour montrer le véritable caractère des théories abstraites ; elles sont fabriquées après coup pour la justification des actes. Les idées de saint Augustin sont fixées d'une manière inébranlable dans un champ déterminé assez étroit : *cette fixation provient du sentiment et ce sentiment se rapporte à un intérêt économique.* J'estime que les arguments de saint Augustin, pour sophistiques qu'ils soient, ont été donnés de bonne foi et c'est ce qui en fait le grand intérêt pour nous. Quels services peuvent donc rendre les plus belles philosophies morales, lorsqu'un des représentants les plus autorisés de la morale abstraite n'arrive pas à s'émanciper du joug de sentiments provoqués par les relations économiques ?

Il est très fort sur le terrain de l'absolu : « Lorsqu'on a fait une promesse, il faut la tenir ; violer son serment est un crime ; vouloir l'interpréter est un autre crime. » Saint Augustin était érudit et il citait les exemples donnés par les vieux Romains. S'il avait eu intérêt à soutenir la thèse contraire, il aurait trouvé d'excellents arguments dans le sens opposé (1).

D'ailleurs, est-il bien vrai que la canaille ait agi sous l'influence de mobiles intéressés ? Saint Augustin écrira donc à la mère de Pinianus : « Comment, c'est une relégation que d'habiter la même ville que moi, une ville dont le peuple admirateur des vertus et de la piété voulait s'attacher ce jeune homme par le sacerdoce, car c'est le calomnier que de lui prêter, comme tu le fais, un calcul intéressé ? » Après tout, n'est-ce point parfaitement raisonné ? Il ne faut pas calomnier sans preuve, — les Panamistes l'ont assez répété - et ils ont convaincu la bourgeoisie française. — Enfin, le peuple n'est-il pas toujours bon et grand quand ses violences sont profitables à nos amis ? Les bourgeois de 1830 ont fort célébré la gloire du lion populaire, quitte à massacrer les prolétaires socialistes, avec tout autant d'enthousiasme. Tout cela est donc bien vivant, bien moderne.

A. Thierry ne peut retenir un cri d'indignation : « Le sort en était jeté, et grâce aux mœurs du temps les deux infortunés Romains restaient prisonniers d'une populace ignoble et sauvage, sous la foi d'un ami et d'un hôte. » Mais bientôt la scène change.

---

(1) La théologie morale est très avantageuse, en permettant de poser tous les problèmes de cette manière. Les discussions auxquelles a donné lieu la rupture du mariage de Napoléon Ier, sont aussi scandaleuses que les sophismes de saint Augustin.

Héraclianus (1) porté aux plus hautes charges par le
parti des évêques, se révolta en 413 contre Honorius
et il confisqua les biens des Romains habitant l'Afrique. Par un de ces revirements, que les faibles humains doivent renoncer à expliquer, le bon peuple
d'Hippone cessa d'avoir une aussi grande admiration
pour les vertus de Pinianus. Il n'était plus riche,
on ne pouvait plus l'exploiter ; il fut relevé de son
serment. Il est à regretter que saint Augustin n'ait
pas cru devoir donner des éclaircissements sur ce dé-
nouement.

De nos jours les besoins de l'Eglise sont devenus
plus considérables que jamais et quand on veut juger
sainement la conduite du clergé, il faut toujours se
reporter à l'épisode de Pinianus : les actes des clercs
peuvent être répréhensibles au point de vue du for intérieur et saint Augustin n'a point cherché à justifier
les prêtres d'Hippone ; mais les conséquences de leurs
actions, bonnes ou mauvaises, doivent être appréciées
au point de vue de la société religieuse ; c'est en ce
sens que la *fin justifie les moyens.*

(1) Auparavant il avait profité du sac de Rome pour
vendre comme esclaves les femmes émigrées. Proba
Faltonia, que la voix publique accusait d'avoir livré
Rome aux barbares, dut se dépouiller de tout ce qu'elle
avait pour racheter sa famille. (A. Thierry, *Alaric*, p. 468.)
Dans toutes ces affaires le rôle de saint Augustin semble avoir été fort effacé ; cet Héraclianus est un des bons
types de chef réactionnaire ; son principal exploit consis-
tait à avoir tué Stilicon ; — devant ces personnages
l'Eglise est toujours fort humble ; on l'a bien vue en 1851 ;
elle se fait petite devant la bohème politique.

Les intérêts économiques.— La théorie de l'intérêt et sa véritable portée. — La poursuite des richesses accumulées par l'Eglise. — Les partis et les brigandages. -- Impossibilité de corriger les abus.

Les écrivains, de toutes les écoles, ont reconnu que les luttes théologiques étaient, bien souvent, envenimées par la cupidité des factions ; les richesses de l'Eglise étaient considérables et on tenait à pouvoir les piller à sa guise. Les catholiques ne manquent jamais de dénoncer les hérétiques comme ayant des appétits féroces pour l'argent ; les hérétiques n'étaient pas les seuls à subordonner la théologie à leurs intérêts : Théophile, patriarche d'Alexandrie, nous en fournit un exemple remarquable (1). « Origéniste déclaré et persécuteur, il se trouva, sans transition aucune, anti-origéniste plus déclaré et plus persécuteur encore. Ces sortes d'évolutions soudaines étonnaient moins en Orient qu'en Occident, soit à cause de l'es-

(1) A. Thierry, *Saint Jérôme*, p. 323. Nous sommes bien renseignés sur Théophile parce que Palladius, ami de saint Jean Chrysostome, a tout mis en œuvre pour montrer que la théologie était le moindre souci de son adversaire.

prit d'intrigue qui travaillait l'Eglise orientale, soit à cause de la mobilité des caractères. » Cette transformation avait un but intéressé ; il s'agissait de prendre position contre saint Jean Chrysostome. Un peu plus tard, quand il eut réussi à vaincre ses adversaires, qu'il n'eut plus besoin de fonder ses persécutions politiques sur les hérésies origénistes, il changea d'avis et il trouva que les livres d'Origène étaient admirables (1).

En Occident, il y avait des traditions romaines sur la *respectabilité* qui retenaient un certain nombre de personnes ; mais il n'en était pas de même en Orient ; dans ce pays on voyait s'épanouir, en toute liberté, les fleurs naturelles de l'idéologie. Un homme n'a-t-il pas le droit de changer d'opinion et de s'éclairer ? Nous avons vu Burdeau déclarer qu'il avait écrit tant d'articles contre la Banque de France parce qu'il ne savait pas, à cette époque, ce qu'était un billet de banque ; des gens mal intentionnés ont pensé que cette ignorance était d'une nature singulière, puisqu'elle disparut le jour où le pauvre agrégé de philosophie n'eut plus besoin de l'appui de Donon. A mon avis, on interprète mal cette conversion : Burdeau était très sincère quand il confondait le billet de banque et l'assignat; et il fut encore très sincère quand il affirma que le billet équivaut à de l'or. Les conditions économiques n'étant plus les mêmes, sa pensée a dû évoluer pour se placer dans un nouveau secteur, où elle fut retenue par le sentiment agréable qu'il y éprouva ; il ne put plus voir les choses de la même

____

(1) A. Thierry, *Saint Jean Chrysostome*, p. 207.

manière qu'autrefois et il combina, très sincèrement, des arguments en faveur de sa nouvelle opinion.

Les disciples d'Enfantin se sont, presque tous, distingués par une absence remarquable de probité et
une rapacité financière éhontée ; mais ils n'avaient pas
changé ; placés dans des conditions économiques nouvelles, ils avaient modifié seulement leurs principes
philosophiques ; mais *les principes sont des choses si
vaporeuses qu'on en change d'une manière inconsciente.* Les avocats ne sont-ils pas sincères, le plus
souvent, lorsqu'ils soutiennent, avec ardeur, la cause
d'un coquin dont ils connaissent parfaitement le crime
et qu'ils cherchent à faire acquitter ? D'ordinaire, ils
parlent avec la plus grande conviction ; mais le lendemain, ils plaident une thèse juridique opposée à celle
de la veille, sans s'embarrasser, le moins du monde,
de la contradiction.

Il est fort difficile de se rendre compte, d'une manière
générale, de l'influence que l'économie exerce sur la
pensée humaine ; la question a été fort embrouillée
par les théologiens qui imputent toute la conduite des
ennemis de l'Eglise aux motifs bas de l'action : l'intérêt, la lubricité et la vengeance. Les romanciers ont
pris la suite des affaires des théologiens et ils nous
décrivent, d'une manière tout à fait fantaisiste, de prétendus combats qui se passeraient dans l'intérieur de
nous-mêmes. Les économistes ont dit que les actions
humaines s'expliquent par l'intérêt et leur doctrine a été
d'autant plus attaquée qu'elle a été mal comprise :
sous l'influence des préjugés créés par les théologiens
et les artistes, on a cru qu'il s'agissait de tout ramener

aux forces inférieures de la nature humaine. Il s'agissait de tout autre chose.

La science n'a pas à s'occuper des mérites et des
démérites des acteurs du drame historique ; elle ne
saurait prétendre pénétrer dans la conscience des
hommes ; tout ce qu'elle peut espérer faire, c'est de
classer les phénomènes constatables. Il ne s'agit pas
de savoir si l'intérêt est une force plus grande que d'autres forces agissant simultanément sur l'homme ; un
pareil problème serait insoluble. Les économistes
disent seulement que la très grande masse des actions
humaines qui intéressent l'observateur, présentent
entre elles une si grande analogie qu'on peut les classer
dans une même catégorie et les assimiler aux actions
qui dépendent de la vie industrielle réglée par l'intérêt. Quand ils parlent de l'intérêt ils ne se mettent donc
pas au point de vue psychologique, prétendant nous
décrire le processus des sentiments ; mais ils se placent à un point de vue extérieur et décrivent cependant cet extérieur avec des mots empruntés à la psychologie. Le vice de l'économisme réside surtout dans
le langage et il en résulte, assez souvent, des sophismes ;
mais il y a dans l'explication économique un grand
progrès, en ce qu'elle constate un peu d'homogénéité
dans les groupes les plus importants : mais cette homogénéité est peut-être mal définie et devrait être
expliquée autrement que par la puissance de l'intérêt.

Il y a une grande régularité dans notre vie ; nous ne
sommes pas isolés ; nous sommes membres de groupes ayant une contexture durable, dans lesquels se
forment des consolidations de sentiments ou d'idées ;
nous participons à ces sentiments et à ces idées sans

nous demander d'où elles viennent et sans qu'il soit
possible à la psychologie de définir la loi de cette participation. Quelques personnes isolées — surtout des
artistes — s'affranchissent de cette compression du
monde extérieur ; on les voit changer, parfois avec
une grande rapidité, d'opinion ; mais les chemins de
Damas sont toujours des exceptions.

Nous vivons d'une certaine profession ; nous avons
constamment l'esprit tendu vers les moyens d'utiliser
les ressources qu'elle nous fournit ; nous subissons
les obligations générales de notre état avec la même
docilité que si elles dérivaient de nécessités naturelles, sans apporter par suite aucun esprit de critique;
nous accomplissons nos tâches journalières comme nous
digérons et dormons, avec l'automatisme physiologique le plus complet. Mais d'autre part notre esprit est
constamment en éveil pour perfectionner l'exécution
de ces tâches ; nous ne cessons d'inventer des procédés personnels pour atteindre une marche plus rapide et partant plus profitable. On trouverait des
caractères tout opposés chez l'homme qui n'est pas
lié à son métier, ou qui n'a pas de métier, chez celui
qui travaille pour entretenir ses muscles par goût
sportif, ou qui n'a qu'à s'amuser. De pareils individus
se montrent souvent automates dans la vie de détail et
hardis jusqu'au paradoxe dans les spéculations relatives aux conditions de la société civile.

C'est à cause de cette structure de notre esprit et de
la pression exercée par la société civile, sur nous à
tout instant, que les économistes peuvent dans l'examen
des masses des actions humaines, négliger les hautes
aspirations de l'intelligence, supposer que l'homme

est une sorte d'automate fabriqué par la nature et déterminer seulement comment l'homme s'arrange pour
varier ses procédés d'exécution et atteindre ses fins de
détail, cherchant à faire mieux que les autres. La différence qui existe entre les économistes et Marx, est
que celui-ci considère l'automatisme comme une donnée
historique : ce sont les divisions en classes qui sont
es bases de toutes les sciences sociales et non des divisions naturelles.

Nul besoin par conséquent de nous attacher à pénétrer le fond de l'âme humaine. L'expérience montre,
depuis des siècles, que l'idéal de l'administration de la
justice est de fonctionner d'après des règles abstraites,
sans tenir compte des particularités des hommes ; sans
l'automatisme des professions il ne serait pas possible
d'imaginer une police régulière exercée par l'Etat ou
par les corporations. Toute l'existence de la société
civile, telle qu'elle existe dans les pays avancés, suppose cette marche mécanique ou physiologique.
L'homme n'intervient que pour mettre partout l'appareil en état de tension, par suite de l'effort qu'il ne
cesse de faire en vue de tirer le meilleur parti possible
des forces qu'il a à sa disposition. Au lieu de dire que
les hommes poursuivent leurs intérêts et de représenter
le monde avec des images psychologiques, il vaudrait
mieux certainement emprunter des figures à la mécanique ou à la physiologie et dire que, dans un réseau
de vaisseaux, circule un fluide qui le tend de toutes
parts et développe en chaque point tout ce qu'il peut
comporter d'efforts.

Dans la vie, les hommes qui se montrent les plus
ardents à la poursuite des richesses, ne sont pas tou-

jours des gens désireux d'avoir de l'argent pour eux-
mêmes ; ce sont souvent des ambitieux qui sacrifient
tout au succès de leur parti, des fanatiques qui se
privent du nécessaire tout en maniant des millions, etc. ;
mais toutes ces distinctions, si importantes qu'elles
soient pour les psychologistes, sont sans valeur pour
l'historien qui ne prétend pas pénétrer dans les
consciences des hommes et qui ne connaît que les
effets généraux. L'historien, tout comme l'économiste,
constate une tension universelle des forces humaines
vers la possession de tout ce qui semble désirable et
qui est susceptible d'être obtenu.

L'Eglise présente comme l'Etat bien des choses désirables ; elle conserve encore aujourd'hui beaucoup
de survivances des formes gouvernementales anciennes ; au ive siècle, elle ressemblait à un véritable
décalque du régime romain. Bien des fois on a montré
comment sa hiérarchie était imitée de la hiérarchie
impériale ; mais la ressemblance va plus loin encore.
Quand on parle de l'Etat, on entend par ce terme
bien des notions différentes ; dans un certain sens,
l'Etat est un groupe de personnages exploitant les
classes privilégiées et donnant à celles-ci, en échange,
la force pour exploiter les classes laborieuses : c'est
donc un grand oiseau de proie, qui impose de dures
redevances.Il y a des époques où le caractère dépréda-
teur de l'Etat est marqué d'une manière plus odieuse
que durant d'autres ; l'empire assyrien (1) avait réalisé,
sous la forme la plus atroce, un système de pillages
brutaux, sans aucune compensation ; — à la fin du

(1) Renan, *Histoire d'Israël* ; tome ii, p. 456.

paganisme, le gouvernement romain ne semblait plus, à beaucoup de personnes, qu'une machine à pressurer le monde. Lorsque la décomposition sera complète, on verra la fonction confondue juridiquement avec le domaine et ce sera le régime du Moyen Age ; mais ce régime a été préparé de longue date : les théories de l'Eglise ont facilité l'évolution, en introduisant dans le système des opinions reçues la conception dualiste, dont j'ai déjà parlé, d'après laquelle l'Etat est une personne ayant des devoirs envers l'Eglise, comme pourrait en avoir un *simple fidèle* (1).

L'existence de l'Etat-Vautour et de *l'industrie politique* (2), constitue le fait le plus caractéristique de

(1) *N. N.* Le propriétaire peut, dès lors, prendre les allures d'un chef d'Etat civil et militaire, puisque l'idée de la force publique a cessé d'être attachée, comme une conséquence, à l'idée de la Cité telle que l'antiquité l'avait conçue — Cité guerrière, libre et absolument souveraine. La décomposition de l'Etat n'est pas seulement le résultat de l'invasion germanique ; elle est aussi d'origine chrétienne ; comme dans presque toutes (sinon dans toutes) les genèses d'institutions, il y a eu ici *conjonction de deux courants, l'un d'ordre matériel, l'autre d'ordre idéologique.*

(2) *N. N.* Il est fâcheux que l'on n'ait pas encore de mot pour désigner cette profession si importante : les politiciens américains, les démagogues grecs, les courtisans des pays monarchiques, l'ont exercée ; mais les sociologistes professionnels n'ont pas eu encore le temps de s'apercevoir de son existence. Fourier avait proposé de nommer *janissariat politique* toute faction qui s'empare du gouvernement. (*Le nouveau monde industriel et sociétaire,* p. 485.)

l'Empire romain de la décadence. Des factions se forment dans l'Empire pour l'exploitation des ressources publiques ; d'autres se forment dans l'Eglise.

Il ne faudrait pas croire que tous les membres de ces partis fussent dirigés par leur intérêt, comme cela aurait dû être d'après les théories utilitaires. Les raisons qui attiraient les gens du temps dans une faction étaient très multiples et il est inutile de les connaître ; ce qui intéresse le philosophe c'est le *caractère* propre de ces factions : elles sont bien définies par la lutte pour la possession d'un pouvoir, source principale de la richesse, — pour l'acquisition des charges qui forment la grande industrie du temps.

Les élections donnaient lieu à des scènes scandaleuses ; l'élection du pape Damase est restée célèbre , il y eut plusieurs combats et il fallut reprendre Rome pied à pied (1). Les auteurs catholiques assurent que l'anti-pape Ursin avait pour lui les cochers du cirque et les souteneurs ; c'est très possible ; mais ceux qui se battaient contre ces personnages n'étaient, sans doute, pas tous de petits saints.

L'histoire des patriarches d'Alexandrie n'est qu'un tissu de violences. A. Thierry dit de l'un des moins brutaux (2) : « Il ourdit une trame tellement infâme

____

(1) *N N.* A propos de cette élection Ammien Marcellin dit que l'ambition des concurrents est facile à comprendre, lorsqu'on voit le luxe déployé par les papes ; et il nous apprend que les dons des femmes les enrichissent (xxvii, 3). D'après saint Jérôme, le préfet de Rome Prætextatus, aurait un jour dit à Damase qu'il se convertirait volontiers pour être pape (A. Thierry, *Saint Jérôme,* p. 17).

(2) A. Thierry, *Saint Jérôme,* p. 74.

qu'on douterait qu'elle ait pu sortir du cerveau d'un prêtre et encore moins du chef d'une grande Eglise, si l'histoire n'était pas unanime pour l'affirmer. » Voulant empêcher Grégoire de Nazianze de monter sur le siège de Constantinople, il fit acclamer par une bande de marins et consacrer un bouffon nommé Maxime, qui rappelle, assez exactement, le capucin classique de Naples. Cet archevêque extraordinaire fut soutenu par le pape et mis à la porte par Théodose.

Théophile fut un tyran impitoyable, qu'on surnommait le pharaon chrétien ; il pillait les églises comme les temples (1) ; son successeur Cyrille ne valait pas mieux (2) ; « même soif ardente de l'or et de la domination, pareil mépris de toute équité, haine de quiconque entreprenait de borner son pouvoir. » Dioscore est encore plus mal noté dans l'histoire ecclésiastique, parce qu'il présida le concile du *brigandage* à Ephèse et qu'il fut jugé au concile de Chalcédoine ; mais comme l'observe A. Thierry, on croirait que c'est un même personnage qui a pris trois formes diffé. rentes (3) : « même esprit de discorde, de domination, de violence ; les mêmes instincts de cruauté et d'avarice. »

Ce ne sont pas là des exceptions ; à chaque instant on trouve dans A. Thierry des histoires du même genre ; il a raconté avec des détails intéressants les luttes dont fut le théâtre l'Eglise d'Ephèse.

---

(1) Il volait aussi les pauvres (A. Thierry, *Saint Jean Chrysostome,* p. 116).

(2) A. Thierry, *Nestorius et Eutychès,* p. 33.

(3) A. Thierry, *Nestorius et Eutychès,* p. 232.

L'évêque Antonin fut dénoncé à saint Jean Chrysostome (1) comme ayant acheté son élection et vendant les ordinations, pillant les biens ecclésiastiques. Antonin acheta le silence de son dénonciateur et mourut évêque ; mais plus tard six évêques consacrés par lui pour de l'argent furent déposés (2). A l'époque du premier concile on trouve Memnon (3), « prêtre violent, avide, méprisé, dont le clergé avait demandé plus d'une fois la déposition. » Après lui, Bassanius fut proclamé durant une émeute ; mais, ayant cessé de plaire, il fut emprisonné et remplacé par Etienne ; les deux adversaires plaidèrent leur cause au concile de Chalcédoine ; l'affaire était tellement embrouillée qu'ils furent tous les deux déposés.

Les conciles ressemblent à des parlements fort troublés ; saint Grégoire de Nazianze dit (4) : « Je n'aime pas les assemblées d'évêques. Je n'en ai jamais vu aucune avoir bonne et heureuse fin ; et le bien qu'elles se proposent de faire, est dépassé par le mal qu'elles laissent après elles. On ne voit là que contentions opiniâtres, guerres de vanité, ardeurs de domination. »

On sait par quelles violences Dioscore se signala au deuxième concile d'Ephèse qui réhabilita Eutychès ; mais on ne voit pas trop que le premier concile qui condamna Nestorius, ait été bien plus sérieux. L'évê-

(1) A. Thierry, *Saint Jean Chrysostome*, p. 65.
(2) Ces évêques demandèrent qu'on leur rendît l'argent versé ; ils avaient été obligés de donner les bijoux de leurs femmes.
(3) A. Thierry, *Nestorius et Eutychès*, p. 87.
(4) A. Thierry, *Saint Jérôme*, p. 102.

que Memnon avait établi un régime de terreur dans la ville : les adversaires de Cyrille étaient menacés et insultés par la populace ; il avait fait venir au concile des évêques déposés (1) ; « à leur suite accoururent des prêtres qui abandonnaient leurs églises, des moines qui désertaient leurs couvents. Grossie par des gens sans aveu, cette tourbe d'étrangers jetait le désordre dans la ville, où l'on avait chaque jour des rixes sanglantes à déplorer. » Cyrille avait amené des bandes de mariniers, de valets de bains ; la vie de Nestorius fut plusieurs fois en danger ; (2) « c'était, au lieu des débats paisibles d'un concile sur les plus augustes des mystères chrétiens, le spectacle d'une anarchie sans exemple comme sans raison. » L'empereur fait venir les délégués des évêques à Chalcédoine pour éclaircir les affaires et juger lui-même ; l'évêque de cette ville se conduit comme Memnon (3). Enfin la *bonne cause* triomphe grâce à Pulchérie (4) sœur de l'empereur Théodose.

(1) A. Thierry, *Nestorius et Eutychès*, p. 91. La ville d'Ephèse était alors seule à posséder une église dédiée à la Vierge ; la madone avait remplacé Artémis ; « contester à Marie le titre de mère de Dieu était aux yeux de tout bon Ephésien faire acte d'ennemi de la ville. » (*Op. cit.*, p. 87.)

(2) A. Thierry, *Nestorius et Eutychès*, p. 124.

(3) A. Thierry, *Nestorius et Eutychès*, p. 155.

(4) Pulchérie détestait Nestorius et non sans raison ; ce prélat aurait sermonné la sœur de l'empereur d'une manière fort malséante, à propos de son affection pour un officier nommé Paulinus.

Il est inutile d'insister davantage ; c'est toujours la
même histoire dans toutes ces luttes théologiques ; les
adversaires de l'Eglise n'ont pas mieux compris la
question que ses défenseurs ; les orthodoxes dissi-
mulent les fautes de leurs partisans et accablent les
hérétiques ; l'autre parti en fait autant ; mais personne
ne consent à voir comment les choses se sont passées.
Pour les catholiques tout le mal vient de la méchan-
ceté des fauteurs d'erreurs ; les libres-penseurs dénoncent le fanatisme des prêtres. Mais à quoi peut bien
mener toute cette déclamation ?

Les empereurs chrétiens s'imaginaient que pour faire
disparaître les factions, il fallait poser très nettement
la doctrine ; ils croyaient que l'on se disputait pour des
théorèmes ! Aussi a-t-on parfois quelque peine à
comprendre leur conduite. Après la mort de Théodose,
Marcien veut que les erreurs d'Eutychès soient condamnées dans les formes les plus solennelles. Le pape
Léon, qui avait beaucoup réclamé contre le *brigandage*
d'Ephèse, trouvait qu'il était inutile de réunir un concile;
on avait la force, il était oiseux de discuter ; cela ne
faisait pas l'affaire de Marcien ; celui-ci voulait que
l'Eglise proclamât, d'une manière définitive, sa doctrine. Quand le concile fut réuni, les évêques cherchèrent à ne pas rédiger de formule ; mais ils durent
céder. Alors surgirent de nouvelles difficultés ; beaucoup de couvents étaient eutychéens ; l'empereur écrivit
en Palestine pour calmer les mécontents ; cela étonne
fort A. Thierry (1). « Qui ne verrait sans surprise ce

(1) A. Thierry, *Nestorius et Eutychès*, p. 423. — *N. N.* Il
faut ajouter aussi que tout le monde, sous l'influence des

vieux soldat, devant lequel Attila reculait, donner des explications théologiques à des moines ignorants... et, d'un soin jaloux, venger son orthodoxie qu'un autre moine avait osé contester ? »

C'est que tout le monde comprenait les grands dangers que les factions faisaient courir à l'empire et on ne reculait devant aucun moyen pour les faire disparaître. Malheureusement, personne alors ne pouvait analyser les causes de ces désordres ; sous l'influence de préjugés idéologiques, on croyait qu'il suffisait de *convaincre* les hommes de certains dogmes.

Il y avait une situation vraiment désespérante ; une hérésie n'était pas morte, qu'il en paraissait une autre ; c'était toujours à recommencer. Parfois même on avait bien de la peine à savoir quelle était l'erreur commise par les proscrits ; c'est ce qui est arrivé pour les donatistes.

Aujourd'hui nous examinons ces querelles sans aucune préoccupation dogmatique ; tous les partis nous semblent parfaitement équivalents ; nous savons

préoccupations magiques, estimait que le salut de l'Empire dépendait de la bonne *qualité des rites ;* des prières mal adressées pouvaient faire beaucoup plus de mal que de bien ; cette conception que l'on trouve très fortement prononcée chez les païens au iiie siècle, domine aussi toute la pensée chrétienne et on la retrouve *surtout chez les soldats ;* on sait que beaucoup des derniers empereurs persécuteurs avaient été amenés à agir contre le christianisme à cause des superstitions magiques répandues dans les camps. La conduite de Marcien est donc toute naturelle ; la pénitence de Théodose s'explique aussi en grande partie par la superstition magique des soldats.

que le décor théologique était tout à fait secondaire et
nous interprétons ces faits d'après la conception matérialiste de l'histoire. Nous voyons qu'il s'agit de factions se disputant les forces ecclésiastique et politique,
sources principales de la richesse de ce temps. Ces
partis ne pouvaient pas disparaître tant que la situation économique n'était pas changée : c'est pour cela
que les hérésies se succédaient sans discontinuité.

Vainement l'Eglise cherchait-elle à se réformer ; elle
avait les philosophes les plus éminents, les hommes
les plus considérables du temps ; elle disposait, presque toujours, de la force : et cependant les choses
allaient toujours aussi mal. C'est qu'il lui manquait
une connaissance que la théologie ne lui donnait pas,
cette connaissance des principes fondamentaux de
l'histoire, que K. Marx et Engels devaient enseigner
aux socialistes modernes.

NOTES ET OBSERVATIONS

A *page 36*

Le monde moderne est resté fort longtemps sous l'impression de l'histoire effrayante des invasions germaniques ; il n'y a pas encore bien des années, on se demandait si la civilisation européenne n'était pas exposée à périr sous les coups d'envahisseurs barbares comme avait péri la civilisation romaine. Souvent on cherchait à se rassurer en pensant que l'invention de la poudre à canon avait beaucoup changé les conditions de la guerre ; mais l'expérience montre qu'il faut très peu de temps aux populations sauvages pour fournir d'excellents régiments ; il ne semble donc pas que les civilisés pussent avoir aujourd'hui une bien grande supériorité sur des envahisseurs barbares. Mais pendant que philosophes et historiens discutaient ainsi sur l'avenir, les grands Etats européens résolvaient pratiquement la question en conquérant les pays qui devaient, d'après tant de savants sociologistes et géographes, fournir des hordes envahissantes. Et maintenant nous nous demandons comment il se fait que les Romains n'aient pas opéré comme nous et subjugué ceux qui étaient destinés à conquérir leur empire.

De tous les mobiles qui ont agi le plus fortement pour déterminer les grandes conquêtes dans l'antiquité, il n'y en pas de plus fort, je crois, que le *mirage de l'or :* on cherchait à s'emparer des pays où l'on supposait l'existence de grands trésors ; les Gaules avaient beaucoup d'or et César fut bien payé de ses peines ; mais la Germanie était pauvre et on estima, sous Auguste, *qu'elle ne payait pas*, pour employer l'expression américaine ; on aurait une grande difficulté à comprendre les motifs qui ont pu déterminer Aurélien à faire la guerre à la reine Zénobie qui était une fidèle alliée de Rome, si l'on ne pensait aux richesses accumulées à Palmyre.

Dans les anciens chants scandinaves, comme dans les primitives poésies grecques, la soif de l'or est exprimée sous une forme tout à fait naïve ; mais l'appât de *riches pillages* a toujours joué un grand rôle dans le monde ; les Croisades ne me semblent pas avoir été autre chose que des expéditions faites pour piller des Eldorados musulmans et grecs ; les guerres d'Italie, depuis la Renaissance, n'ont pas eu d'autres mobiles que le désir de jouir des richesses de ce pays, et la proclamation adressée par Napoléon à ses troupes, en 1796, résume toute cette histoire sous une forme brutale. Napoléon, qui a concentré si complètement toutes les aspirations de l'homme de guerre, a été, plus d'une fois, trompé par le mirage de l'or. Après avoir pressuré l'Allemagne et l'Italie, il envoie ses armées en Espagne où la légende plaçait de grandes accumulations de métaux précieux. L'expédition de Russie ne s'explique pas suffisamment par les causes politiques que l'on donne habituellement ; je crois qu'il faut ajouter à ces causes le mirage de trésors mystérieux.

Aujourd'hui, les armées européennes se contentent d'avantages que les anciennes auraient dédaignés ; leur organisation hiérarchique, parfaitement régulière, a eu pour conséquence de donner à l'avancement une valeur qu'il ne possédait pas autrefois ; l'expérience montre que dans presque tous les pays les chefs des postes placés sur des frontières cherchent à faire de petites expéditions pour se distinguer et parvenir rapidement à de hauts grades ; mais encore faut-il que les gouvernements soient disposés à favoriser cette politique d'extension indéfinie.

La politique romaine, depuis Auguste, ressemble fort à celle que les Anglais ont suivie dans l'Inde depuis une cinquantaine d'années ; jamais ils n'ont pu se décider à occuper l'Afghanistan où ils ont fait plusieurs fois des expéditions sanglantes et coûteuses, mais qui leur paraissait trop pauvre pour pouvoir être conservé. De même, après avoir vaincu Théodoros, ils ont évacué l'Abyssinie, jugeant que cette conquête ne paierait pas les frais de la conservation, et ils ne paraissent pas avoir soupçonné jamais l'immense valeur politique de cette région.

Le capitalisme moderne a changé complètement les points de vue anciens ; il a rendu désirables des conquêtes de certains pays pauvres.

La considération des trésors accumulés dans le passé, sur lesquels on peut mettre la main pour payer la guerre, n'a plus grande importance aujourd'hui ; le capitalisme a des réserves gigantesques et il peut y puiser en faisant un léger sacrifice aux prêteurs ; le taux de l'intérêt est si bas aujourd'hui que l'on ne prend pas tant en considération les trésors anciens accumulés par les vaincus que les profits ultérieurs qui doivent sortir de la conquête.

D'autre part, les chemins de fer et la grande navigation à vapeur ont tellement abaissé les prix de transport que des colonies placées aux antipodes sont aujourd'hui bien moins éloignées de Marseille que Marseille n'était éloignée de Paris il y a un siècle à peine.

Trois ordres nouveaux de phénomènes sont à considérer dans la question coloniale moderne : 1º On a cherché dans les pays neufs des débouchés possibles pour les marchandises à bon marché ; ce sont ces marchandises que l'industrie contemporaine produit en très grande quantité ; jadis, on ne commerçait au loin que sur les objets très chers ; il fallait trouver de très riches souverains capables de s'intéresser aux choses de luxe ; maintenant il faut avoir sous son contrôle des populations très nombreuses, capables d'acheter des étoffes de faible valeur; 2º Le besoin des produits tropicaux se fait sentir, tous les jours, d'une manière plus intense ; le capitalisme a accumulé dans les grandes villes des masses ouvrières qui ont besoin de ces produits ; il faut les multiplier et en réduire le prix pour les rendre facilement accessibles aux prolétaires; 3º Les pays neufs renferment, presque tous, des minéraux d'une exploitation avantageuse; en sorte que des régions, que l'on avait jadis jugées prodigieusement pauvres, peuvent exciter les appétits des nations capitalistes. Il est probable que si les Romains avaient eu la possibilité d'exploiter les mines de Bohême dans des conditions convenables, ils auraient occupé ce pays.

Il me semble donc que la très grande différence qui existe entre la politique ancienne et la politique moderne est fondée surtout sur des différences technologiques.

B *page* 49

Il est évidemment très difficile de pouvoir prouver que les mœurs d'un pays ne subissent aucun changement durant un siècle; aussi ai-je atténué un peu ce que j'avais dit dans la première édition.

En général les documents qui nous permettent de suivre l'histoire des mœurs, sont bien vagues ; les satiristes ne nous renseignent que sur quelques scandales de la haute société ; la collection de la *Vie parisienne* ne doit pas être considérée comme un document d'une haute portée pour connaître la France contemporaine ; la vie des classes moyennes reste presque impénétrable à l'historien. Je crois que les Pères de l'Eglise doivent être consultés avec une grande prudence : quand les prédicateurs chrétiens veulent attaquer une personne ou un petit groupe de personnes, ils procèdent par voie de généralisation : ils s'attaquent à un vice comme s'il était beaucoup plus répandu qu'il ne l'est peut-être (1).

Le christianisme a eu, à mes yeux, une influence plus considérable que je ne pensais en 1894, parce que,

---

(1) Ainsi saint Jean Chrysostome exagère peut-être le développement de la pédérastie dans la jeunesse d'Antioche (*Adversus oppugnatores vitæ monasticæ*, liv. III, 8).

dans sa lutte contre le paganisme, il a été obligé de faire disparaître les cultes obscènes qui étaient extrêmement populaires (1). Il dut faire appel plusieurs fois à la force publique : Constantin fit détruire deux temples en Phénicie ; mais sous Julien (2) la population, que les pèlerinages enrichissaient, massacra un diacre et un évêque accusés d'avoir provoqué cette mesure. Les villes phéniciennes du littoral restèrent longtemps païennes et il semble que la prostitution sacrée ait persisté longtemps dans le Liban (3). L'Eglise, en combattant une des formes les plus audacieuses de la prostitution, rendait un grand service; son action pouvait être efficace, puisqu'elle se traduisait par des mesures aussi matérielles que des destructions d'édifices ; mais il ne faut pas oublier d'ajouter que c'était là une action morale indirecte ; le but immédiat atteint était la disparition des cultes populaires.

(1) J'estime que dans l'histoire des mœurs il faut tenir grand compte des rapports qui s'établissent entre les *classes à vie régulière* et *les classes infâmes*, vivant du jeu, de la prostitution. Ces rapports sont parfois très intimes et regardés comme licites : c'est ce qui donne à la camorra napolitaine une si grande force et une si grande importance sociale. Les cultes obscènes engendraient des rapports normaux entre le monde dit respectable et les entrepreneurs de prostitution.

(2) P. Allard, *L'art païen sous les empereurs chrétiens*, pp. 52-53. .

(3) Saint Jean Chrysostome lança des bandes de moines pour démolir ces sanctuaires, qui furent rétablis ; Adonis était encore adoré au v⁰ siècle. (P. Allard, *L'art païen*, p. 293. — Du même auteur, *Le paganisme au milieu du* iv⁰ *siècle*, pp. 42-43).

Quelques rigoristes auraient voulu que l'on allât plus loin ; Salvien prétend que les Vandales (1), après avoir conquis l'Afrique, fermèrent les lupanars et il reproche aux Romains de ne pas suivre cet exemple. L'opinion de l'Eglise a toujours été assez modérée sur ce point ; saint Augustin assure que l'existence des courtisanes et des proxénètes est un mal nécessaire qu'il faut supporter (*De ordine*, liv. II, 12). Durant tout le Moyen-Age les grandes villes riveraines de la Méditerranée ont eu des *institutions officielles* de prostitution (2) ; à la Renaissance, il s'éleva à ce propos de belles querelles entre Jésuites et Dominicains ; les premiers voulaient faire disparaître les anciens usages, les seconds les défendaient. M. Desplanques nous a fait connaître une thèse affichée en 1608 à Perpignan, qui est ainsi conçue : « C'est une œuvre pie, sainte et méritoire que de construire des lupanars; on en trouve la preuve dans la sainte Ecriture, dans les saints Pères et dans les saints Canons ».

(1) Ferrère, *La situation religieuse de l'Afrique romaine depuis la fin du* IVᵉ *siècle jusqu'à l'invasion des Vandalas*, p, 75. Ce livre renferme beaucoup de données importantes sur la persistance des mœurs païennes ; il est écrit avec une tendance malheureuse à atténuer et dissimuler ce qui est désagréable à l'Eglise ; aussi faut-il fréquemment contrôler les dires de l'auteur.

(2) Cf. une note de M. Guardia dans le deuxième volume de Parent-Duchâtelet, *La prostitution à Paris* (édition de 1857) ; — et une brochure excellente de M. E. Desplanques, bibliothécaire de la ville de Lille, *Les infâmes dans l'ancien droit roussillonnais.*

(3) Desplanques, *op. cit.*, p. 99.

Une question qui se rattache étroitement à celle-ci, est celle des bains mixtes ; nous savons qu'Adrien les avait défendus, qu'Elagabal les introduisit à Rome et qu'Alexandre Sévère les fit fermer ; mais la police romaine était toujours fort insuffisante ; il semble qu'ils aient persisté, car Godefroy cite deux conciles qui défendent de les fréquenter (commentaire sur le *Code Théodosien*, livre IX, titre III, 1. 3).

L'impuissance de l'Eglise ne me semble pas douteuse toutes les fois qu'il s'agit d'obtenir une action persistante ; l'indifférence générale l'emporte et c'est cette indifférence qu'il est important de constater pour bien comprendre ce qu'a été le triomphe de l'Eglise. Elle n'avait pas converti le monde, mais s'était installée en parasite de l'Etat dans un pays peu sensible à la prédication religieuse. Elle peut obtenir des actes de pure violence, comme des destructions des temples ; mais elle se heurte à la résistance passive des masses quand elle s'attaque aux usages. C'est ce que nous montre encore mieux l'histoire de sa lutte contre le théâtre.

Les spectacles antiques étaient généralement fort immoraux ; on y représentait, avec un cynisme souvent révoltant, les aventures les plus scabreuses de la mythologie ; saint Jean Chrysostome, qui a toujours vécu dans de grandes villes converties depuis longtemps, est ici un meilleur guide que saint Augustin ; il nous parle (1) de femmes nues produites sur le théâ-

----

(1) Saint Jean nous dit qu'on donnait comme raison que ces femmes étaient des courtisanes. (*Sur Saint Mathieu*,

tre et nous fait comprendre que les spectacles ne diffé-
raient pas beaucoup des cultes obscènes. Ici l'Eglise
eut très peu d'influence ; sa prédication resta ineffi-
cace.

Les gens de théâtre étaient organisés en corporations héréditaires (1) ; étant données les mœurs du
temps, les comédiennes et danseuses étaient condamnées à la prostitution perpétuelle et héréditaire. La
législation des empereurs est vacillante ; tantôt ils
font de belles déclarations de principes, tantôt ils retirent leurs mesures d'affranchissement. Une loi de
Valentinien en 371 (*Code Théodosien*, livre XV,
titre vii, l. 8) libère les gens de théâtre qui en danger de mort ont été réconciliés avec l'Eglise, et ont
échappé à la mort ; mais il faut bien s'assurer qu'ils n'ont
pas simulé un danger fictif. D'autres lois de 371 et 380
sont plus larges : les filles d'actrices sont affranchies
du service, puis les actrices même peuvent s'affranchir en se convertissant ; — mais la police est là pour
les reprendre, si elle juge que leur conduite n'est pas
sage. De telles lois semblent n'avoir qu'une valeur de
pure déclamation : elles sont rendues pour *décharger
la conscience des empereurs* (1). En 413 Honorius va
même jusqu'à autoriser l'intendant des jeux (*tribunus*

homelie vi, 7.) Ces homélies sur saint Mathieu ont été
prononcées à Antioche, ville *fanatiquement* chrétienne,
comme nous le savons par l'empereur Julien.

(1) P. Allard, *Les esclaves chrétiens*, 3ᵉ édition, p. 435-
443. Cet auteur me semble exagérer souvent l'efficacité de
l'action chrétienne.

voluptatum) de Carthage à rappeler les actrices jusque là affranchies par les lois (*Code Théodosien*, *loc. cit.*, 1. 13). Cela nous en apprend long sur la sincérité de cette législation.

Il ne faut pas nous montrer cependant trop exigeants ; car en France, cent ans après la *Déclaration des Droits*, nous voyons encore la police prêter main forte aux patrons de lupanars et protéger la traite des blanches. Les *hommes de bien* se désintéressent de cela ; ils font comme les empereurs romains, ils déchargent leur conscience et disent qu'il y a des nécessités aux quelles il faut savoir se soumettre (1).

C *page 56*

J'ai suivi ici Zachariæ ; la question me semble très obscure parce qu'il faut distinguer la théorie et la pratique. La loi rendue en 331 par Constantin (*Code Théodosien*, livre III, titre xvi, 1. 1) rendait le divorce

(1) Saint Jean Chrysostôme raconte l'histoire d'une actrice phénicienne, qui, tout d'un coup, se convertit et alla s'enfermer dans un couvent ; le préfet d'Antioche envoya des soldats pour tâcher de la ramener au théâtre. (*Sur Saint Mathieu*, homélie lxvii, 3.) Il ne dit pas qu'il y eût une loi protégeant les actrices converties ; il est probable que le préfet n'osa pas aller jusqu'à l'emploi de la force et chercha seulement à intimider les religieuses. M. P. Allard (*Les esclaves chrétiens*, p. 438) suppose que l'on invoqua la loi de 380 contre le préfet.

à peu près impossible pour la femme ; elle aurait dû pouvoir prouver que son mari est un assassin, un empoisonneur ou un violateur de sépultures ; si elle le répudiait illicitement elle perdait sa dot et pouvait être déportée dans une île. Cependant nous savons que la célèbre Fabiola divorça deux fois ; dans une requête adressée à saint Jérôme elle demandait (1) : « Si une femme qui a quitté son mari pour cause d'adultère et en a pris un autre par violence (2), peut rester dans la communion de l'Eglise du vivant du premier. » Saint Jérôme répond évidemment par la négative ; mais A. Thierry observe que (3) « ni son divorce, ni son second mariage, n'avaient brouillé [Fabiola] avec l'Eglise ».

La législation impériale ne cesse de varier, tantôt acceptant, tantôt rejetant le divorce par consentement mutuel ; mais une chose est très digne de remarque, c'est que l'on ne cesse pas de considérer comme nul l'engagement pris par les époux de ne pas divorcer (4) ;

(1) A. Thierry, *Saint Jérôme*, pp. 340-341.

(2) Saint Jérôme comprit qu'il s'agissait de la *force irrésistible* de la passion ; on ne connaît pas d'autre violence ayant pu contraindre Fabiola au mariage.

(3) A. Thierry, *Saint Jérôme*, p. 341. L'impression que l'on éprouve en lisant saint Augustin est que le divorce ne présentait pas autant de difficultés qu'on pourrait le croire d'après les textes législatifs. Il est probable qu'il intervenait un accord entre les familles et que les tribunaux n'avaient pas à se mêler de l'affaire.

(4) Zachariæ, *op. cit.*, p. 19.

les empereurs empêchent ainsi la formation d'une nouvelle espèce de mariage.

On doit aussi observer que, si les Pères de l'Eglise ne cessent d'affirmer l'identité des obligations pour les deux époux, les empereurs ne traitent jamais l'homme et la femme de la même manière; même les Iconoclastes n'accepteront pas l'infidélité conjugale de l'homme comme une cause de divorce.

Une loi de 421, qui dans le Code Théodosien suit immédiatement celle de 331, distingue les fautes graves et les fautes légères : la femme qui ne peut invoquer que des vices de son mari, n'est admise qu'à la séparation de corps ; elle peut être poursuivie pour adultère par son mari, si elle ne lui reste pas fidèle.

Il me semble que dans toute cette législation il faut largement tenir compte des situations des classes. Les satiristes latins nous ont familiarisés avec les caprices matrimoniaux des dames romaines de la haute aristocratie. Les Pères de l'Eglise latine semblent avoir toujours en vue ces mêmes femmes quand ils parlent du mariage ; de là résulte une tendance à se montrer très opposés au droit de divorcer pour les femmes. Il est très possible que les empereurs en frappant si fortement la femme aient surtout voulu persécuter l'aristocratie païenne ; peut-être Fabiola aurait-elle été moins libre si elle n'avait été chrétienne.

Je ne puis m'empêcher de supposer que la pratique du Bas-Empire a probablement été assez indulgente, en somme, pour le divorce, parce qu'en Orient le christianisme était beaucoup plus plébéien qu'en Occident (1). Dans les familles d'artisans le divorce est, très souvent, une nécessité économique et sans lui l'atelier peut être perdu.

Nous savons que l'Eglise n'a pu faire triompher ses idées sur les secondes noces; ces noces n'étaient cependant pas très mal considérées par les gens sérieux; lorsque Maximin demanda la main de Valérie, fille de Dioclétien et veuve de Galère, celle-ci répondit (2) : « Il serait *sans exemple* qu'une femme de mon nom, de mon rang, se mariât deux fois. » M. P. Allard voit là un souvenir chrétien, Valérie ayant été jadis chrétienne; mais il est évident que l'impératrice a voulu exprimer tout autre chose qu'une opinion personnelle. Il semble donc qu'en cette matière l'Eglise aurait pu obtenir plus de succès.

J'ai appelé souvent l'attention sur une règle que j'ai appelée la loi *psycho-érotique* et d'après laquelle, pour connaître la nature morale des hommes, il nous faut rechercher comment ils se comportent dans leurs relations sexuelles. On peut dire aussi que pour juger l'influence morale d'une école il faut savoir comment elle a compris les rapports sexuels. Cette enquête ne me semble pas très favorable aux théories des Pères de l'Eglise.

Saint Jean Chrysostome conseille (3) au maître qui a une esclave lascive, tantôt de l'enchaîner, tantôt de la

(1) En Orient les corporations ouvrières sont généralement pour les catholiques contre les ariens. (P. Allard, *Le paganisme*, p. 49 et *Les esclaves chrétiens*, p. 459.)

(2) P. Allard, *Histoire des persécutions*, tome v, p. 168.

(3) P. Allard, *Les esclaves chrétiens*, p. 276 et p. 278.

marier ; le mariage serait un remède contre l'incontinence (1). Faut-il croire que ce soit une parole si admirable que celle du même Père (2) disant que la faute est la même de coucher avec une reine ou avec une esclave? Je ne le crois pas, car il n'attache ici d'importance qu'à l'homme, qui, dans les deux cas, est souillé ; le respect de la femme manque. Il insiste beaucoup pour que les jeunes gens se marient de bonne heure ; la raison qu'il en donne est tout à fait grossière : c'est que les garçons, après avoir connu les courtisanes, trouveront une vierge bien maladroite (*Sur Ire aux Thessaloniciens, IV*, homélie v, 3).

Dans toutes les exhortations relatives aux secondes noces, surtout après divorce, je ne trouve que d'assez piètres raisons chez les Pères. La vraie raison de refuser le mariage à la femme divorcée est qu'ayant vécu auprès d'un mari qu'elle a dû abandonner à cause de ses vices, elle a passé par des épreuves analogues à celles qu'a subies la prostituée et qu'il peut en résulter en son cœur une ulcération inguérissable. La femme divorcée ne pourra plus s'abandonner en toute confiance ; et sans cette confiance absolue, il n'y a pas d'union conjugale possible, suivant la conception évangélique. Mais je crois ce raisonnement étranger, presque complètement, à l'Eglise.

P. Gide (3) a fait à propos du mariage chrétien une

(1) « La raison principale du mariage est aux yeux de Chrysostome de brider l'incontinence, dit M. Puech (*Saint Jean Chrysostome et les mœurs de son temps*, p. 99).

(2) P. Allard, *Les esclaves chrétiens*, p. 283.

(3) P. Gide, *Etude sur la condition privée de la femme dans le droit ancien et moderne*, 2° édition, p. 178.

observation qui me semble avoir une très grande portée ; il pense qu'après sa victoire l'Eglise abandonna sa discipline primitive. Cette remarque nous permet de comprendre bien des choses, et notamment pourquoi les empereurs chrétiens hésitèrent si longtemps sur le mariage des esclaves. Zachariæ reporte à Léon le Sage (886-911), l'honneur d'avoir reconnu d'une manière définitive et explicite ce genre de mariage. Jadis l'Eglise avait reconnu comme époux les gens qui se mariaient suivant ses rites (1), quel que fût l'inégalité de leurs conditions ; mais une Novelle d'Anthémius en 468 punit de la déportation la femme qui viendrait à se marier avec son affranchi ; cette mesure embarrasse fort M. P. Allard (2), qui y voit une aggravation du droit païen ; je la crois tout à fait naturelle, car la nouvelle société désirait, tout comme l'ancienne, que les rangs fussent respectés. Comment expliquer sans cette préoccupation la conduite de la mère de saint Augustin ? Celui-ci avait eu d'une maîtresse un fils, qu'il aimait beaucoup et qui était remarquablement intelligent ; on n'avait rien à reprocher à cette femme ; une loi de Constantin (3) avait été rendue pour légitimer les enfants naturels par le ma-

(1) P. Allard, *Les esclaves chrétiens*, p. 294.

(2) P. Allard, *Les esclaves chrétiens*, p. 296. M. P. Allard se trompe quand il voit dans la loi rendue par Constantin en 326, contre les femmes qui ont pour amant un de leurs esclaves, une disposition contraire aux anciennes lois de l'Eglise ; *occulte rem habere cum servo suo* ne comporte pas une union même morganatique. (*Code Théodosien*, livre IX, titre ix, l. 1.)

(3) P. Gide. *op. cit.*, p. 189.

riage ; il eût semblé naturel de l'appliquer ; mais sainte Monique entendait marier son fils suivant les principes éternels de l'honorabilité bourgeoise (1). Saint Augustin céda aux instances de sa mère ; il se sépara de sa maîtresse, qui jura d'achever ses jours dans la retraite, sans connaître aucun autre homme. Quant à lui, il ne tarda pas à prendre une autre maîtresse avant de se convertir définitivement : tout cela était conforme à la plus pure morale bourgeoise.

L'opinion de Saint Augustin sur le concubinat est intéressante à enregistrer, puisqu'il avait vécu dix ans avec une concubine : voici comment il juge ce genre d'union (2) : « dans le mariage le but avoué est de propager la famille et dans ces liaisons voluptueuses l'enfant naît contre le vœu de ses parents, quoique aussitôt après sa naissance il nous soit impossible de ne pas l'aimer ». Cette conception devait conduire plus tard les canonistes à réglementer l'union sexuelle et à décider (3) « qu'il n'y a de rapports licites que ceux qui ont pour but la procréation des enfants ». Je crois avec P. Gide que cette intervention de l'Eglise dans ce qu'il y a de plus intime dans la vie et le sens tout utilitaire qu'elle donne à l'amour, ont contribué à abaisser l'idée du mariage et la dignité de la femme.

(1) M. Boissier passe sous silence le rôle de sainte Monique ; mais les catholiques modernes le trouvent tout à fait naturel ; M. Hatzfeld dans le livre consacré à saint Augustin dans la *Collection des saints* (p. 51), n'éprouve pas le moindre besoin de justifier la femme que l'Eglise considère comme le type accompli de la mère chrétienne.

(2) Tome I, p. 303, d'après les *Confessions*, IV, 2.

(3) P. Gide, *op. cit*, p. 179.

Mais on trouve dans saint Augustin quelque chose de plus curieux encore ; il demande (1) que la concubine s'engage à vivre dans la continence au cas où son conjoint la renverra ; il veut que toutes les concubines suivent l'exemple de celle dont il s'était si lestement séparé. Nous avons ici une nouvelle preuve de la conception hiérarchique de l'Eglise : la concubine, étant d'un état inférieur, a des devoirs spéciaux qui ne s'imposent pas à son maître (2).

D *page 57*.

Les festins somptueux des riches Romains ressemblaient beaucoup à des fêtes de lupanars ; les Pères de l'Eglise se plaignent souvent des usages suivis ; mais ils ne paraissent pas avoir eu beaucoup de succès. Par une loi de 380 (*Code Théodosien*, livre XV, titre VII, l. 5) il avait été défendu d'avoir des danseuses dans les maisons particulières, de peur qu'il n'en restât pas assez pour le service public ; en 385 il fut interdit (*loc. cit*, l. 9) d'amener les musiciennes dans les festins ; mais ce règlement ne semble pas avoir été observé.

(1) P. Allard, *Les esclaves chrétiens*, p. 287.

(2) C'est bien un rapport de ce genre, un rapport de soumission, dont parle saint Augustin dans le passage visé (*De fide et operibus,* 19). Il faut ajouter que dans un sermon (CCCXCII, 2) il recommande aux hommes de ne pas avoir une concubine qu'ils abandonneront plus tard pour se marier ; mais il n'exige d'eux aucun engagement.

Il ne faut cependant pas croire qu'il n'y ait eu que des protestations épiscopales contre cette manière de faire ; nous savons par Claudien (1) que Stilicon n'admettait dans ses festins ni des joueurs de lyre ni des chants voluptueux ; et, ce qui est plus important, Macrobe nous apprend que chez Prætextatus ces plaisirs folâtres n'étaient pas offerts aux convives ; Symmaque propose de remplacer par des récits d'histoires amusantes ces facéties des bateleurs qui profèrent des paroles déshonnêtes couvertes des apparences de pudeur. Il ne faut pas oublier que Claudien était un païen et que les personnages mis en scène par Macrobe sont tous des païens très zélés. Je crois donc qu'on peut penser que la haute société païenne se montrait plus rigoriste que la masse de la société chrétienne.

Cette émulation des deux religions a frappé tous les auteurs qui se sont occupés du ive siècle ; elle se manifeste non seulement par la piété plus grande, mais aussi par le ton de certaines manifestations officielles: M. P. Allard a signalé (3) le rescrit adressé par Maximin à la ville de Tyr, qu'il appelle « une lettre pastorale » ; ce document rappelle tout à fait les sermons que fera plus tard Constantin ; la proclamation

(1) Claudien, *Eloge de Stilicon*, livre ii, vers 142.
(2) Macrobe, *Saturnales*, livre ii, chap. 1. — M. P. Allard comprend les choses tout autrement que moi ; il cite ces deux faits pour prouver que la législation impériale ne fut pas sans efficacité ; je crois qu'ils prouveraient plutôt que les hommes sérieux la respectaient par conviction et non par obligation.
(3) P. Allard, *Histoire des persécutions*, tome v, p. 177.

lancée après la défaite de Licinius (1) « pourrait être considérée comme la contre-partie du sermon païen naguère affiché au nom de Maximin dans la ville de Tyr ».

Nous savons que dans tous les pays mi-protestants et mi-catholiques, il y a une émulation qui, de l'aveu de catholiques très sincères, est tout à l'avantage des mœurs de leur Eglise (2). Nous devons attacher une très grande importance à des faits de ce genre, parce qu'ils nous montrent comment des phénomènes sociaux dérivent plutôt des conditions extérieures et scientifiquement observables, par conséquent *matérielles* dans la terminologie marxiste, que de convictions se manifestant : l'origine du mouvement est au dehors et non au dedans : *le mouvement traverse les individus* et ne vient pas d'eux, comme semblent le croire souvent les gens qui veulent réformer la société par la prédication.

Ce qu'il y avait de plus choquant dans ces fêtes, c'était l'emploi des courtisanes, danseuses, chanteuses ou musiciennes dans les noces ; les Pères de l'Eglise cherchèrent à faire disparaître l'usage de la procession nuptiale, qui se conservait avec des usages païens et notamment avec des épithalames généralement indécents. La législation impériale essaya de faire disparaître la raison d'être de cette coutume ; on y tenait parce qu'il semblait que sans cette procession traditionnelle le mariage manquait de la dignité requise et

(1) P. Allard, *op. cit.*, tome v, p. 336.
(2) Le Play, *La réforme sociale en France*, 5ᵉ édition tome i, p. 147.

de la publicité indispensable (1), sans lesquelles on aurait pu le confondre avec un concubinat. Une loi de 428 (*Code Théodosien*, livre III, titre vii, 1. 3) dit qu'entre gens *de même honorabilité*, la preuve du mariage pourra se faire, alors même qu'il n'y a pas eu de fête, par l'aveu du consentement mutuel et le témoignage des amis. Malgré tout, la réforme ne s'opéra pas ; la prédication était insuffisante pour opérer un changement dans les mœurs.

On n'a aucun document permettant d'affirmer que la prédication si souvent violente de saint Jean Chrysostome contre ces usages ait produit un effet quelconque ; et cependant il était extrêmement populaire soit à Antioche, soit à Constantinople. M. Puech croit (2) qu'il a pu obtenir quelques réformes partielles dans quelques familles ; mais ce ne sont là que des présomptions.

Je crois bien plutôt à l'inefficacité de toute cette éloquence tribunitienne ; elle produisait le même effet que certaines comédies modernes que l'on qualifie de cruelles : chacun s'y amuse beaucoup parce qu'il y trouve des méchancetés féroces dirigées contre son voisin et ne voit pas celles qui pourraient l'atteindre. Nous savons, d'ailleurs, d'une manière incontestable, que les auditeurs de saint Jean Chrysostome considéraient ses sermons comme des satires dirigées contre des personnages puissants et surtout contre des femmes très riches ; ce fut cette interprétation qui

(1) Puech, *Saint Jean Chrysostôme et les mœurs de son temps*, p. 108,

(2) Puech, *op. cit.*, p. 320.

fut la cause de tous ses malheurs. L'expérience a
montré que l'éloquence satirique, pas plus que la
comédie rosse, ne corrige personne.

E *page 63.*

On n'a pas toujours tenu assez compte de cette
préoccupation dans les appréciations portées sur les
Pères de l'Eglise. P. Gide observe (1) que la réaction
ascétique contre le mariage s'accentue à mesure que
l'Eglise entre en contact plus complet avec le monde
païen ; mais il faut chercher pourquoi ce contact intime
engendra cet ascétisme. Celui-ci me paraît résulter de
deux causes : d'une part les docteurs constatèrent
qu'il leur était impossible de réaliser la société chrétienne, telle qu'ils l'avaient construite d'après leur
dogmatique ; d'autre part ils virent que les maux de
l'existence étaient si grands qu'il était vraiment
absurde de chercher à prolonger la durée d'une société
profondément mauvaise et incorrigible ; dès lors il
fallait désirer la fin du monde.

Je crois que les scrupules que l'Eglise a manifestés
si souvent au sujet des empêchements de parenté
relatifs au mariage, doivent s'expliquer par le sentiment de disparition prochaine qui, de temps à autre,
s'est emparé d'elle. Aujourd'hui elle se montre beaucoup plus libérale, parce que l'idée de la désespérance n'existe plus, au même degré, dans son sein.

(1) P. Gide, *op. cit.*, p. 178.

On ne saurait exagérer l'importance des idées de ce genre ; elles ne paraissent pas se développer dans un pays sous la seule influence des théories ; mais il semble bien plutôt que ces théories dépendent des conditions générales de vie des classes dirigeantes. J'ai signalé il y a quelques années la loi suivante (1) : « L'idée de la mort d'une classe se traduit chez chacun de ses membres par une terreur de la mort personnelle. » L'aristocratie romaine au ive siècle ne songe plus qu'à se sanctifier ; païens et chrétiens font assaut d'actes de purification et d'expiation ; les chrétiens avaient à leur disposition beaucoup plus de ressources de piété que leurs adversaires, dont la magie était vraiment bien grossière et sentait fort le charlatanisme ; je suppose que cette supériorité dans la *préparation à la bonne mort* fut l'une des causes essentielles du triomphe du christianisme dans l'aristocratie.

Il est peut-être possible aussi d'expliquer en partie par des causes rattachées à ces sentiments la grande résistance qui se manifesta en Orient contre la théorie du divorce prêchée par l'Eglise. L'Empire d'Orient ne fut pas aussi menacé par des invasions violentes que celui d'Occident ; au bout d'un certain temps il sembla très capable de tenir tête à ses adversaires ; les raisons de désespérer n'existant au même degré qu'aux époques de formation du dogme catholique, on ne fut plus aussi ardent à rendre le mariage difficile que l'avaient été les premiers Pères de l'Eglise.

Il est évident que ces sentiments ne prennent une grande importance dans l'histoire des institutions que

____

(1) *Devenir social*, octobre 1897, p. 877.

s'ils ont l'occasion de se traduire en jurisprudence régulière, dans des corporations établies, comme sont celles des prêtres ou des légistes.

F *page 89.*

M. Boissier a très bien mis en évidence l'importance des superstitions magiques dans l'histoire de la conversion de Constantin (1). « La dureté avec laquelle il a traité l'aruspicine et la magie prouve qu'il en avait grand'peur. Il croyait aux incantations et aux maléfices... Constantin après sa conversion [contrairement à ce qu'a cru Baronius] n'est pas redevenu païen ; mais, converti ou non, il est toujours resté superstitieux. » — (2) « Les dieux ordinaires devaient lui être suspects : n'était-il pas à craindre que Maxence, qui leur avait fait tant de prières et tant de promesses, ne les eût décidés en sa faveur ? Il était tout naturel que Constantin, qui pouvait les croire prévenus contre lui, ait songé à demander des secours ailleurs. » — (3) « Il fit porter devant ses soldats un étendard qu'ornait le monogramme du Christ. Est-ce à dire qu'il fût dès ce moment tout à fait conquis à la religion nouvelle ? J'en doute beaucoup... Quand on lui rapporta la tête de Maxence, il n'hésita plus ; sa conviction était faite. » — (4) « La seule raison qu'il avait de préférer [la nouvelle

(1) Tome i, p. 29.
(2) Tome i, p. 31.
(3) Tome i, p. 35.
(4) Tome i, p. 38.

religion] à son ancien culte, c'est qu'elle lui paraissait payer plus libéralement ses adorateurs et qu'elle les payait en prospérités présentes et terrestres, qui vraisemblablement le touchaient plus que les félicités lointaines de l'autre vie. Ce sont là des sentiments médiocres; mais l'ardeur avec laquelle il les exprime, l'insistance qu'il met à y revenir, prouvent qu'il en était profondément pénétré. » Ainsi, l'empereur croyait avoir découvert, par son expérience personnelle, une magie supérieure à celle des païens.

Quand on parle des superstitions magiques des chrétiens, il faut avoir bien soin de distinguer ce qui est simplement une survivance des croyances anciennes (comme peur du démon) et ce qui est une restauration chrétienne de la magie. Ainsi je crois bien que c'est à la peur que les chrétiens avaient des esprits païens qu'il faut attribuer la conservation de certains monuments; M. P. Allard signale (1) ce fait extraordinaire qu'on laissa subsister le temple des Frères Arvales, bien que le terrain eût été donné à l'Eglise, qui y construisit une basilique. Saint Jean Chrysostome (2) admet que les devins peuvent dire la vérité ; il nous apprend que les chrétiens d'Antioche attachaient une importance spéciale au serment prêté à la synagogue et qu'au moment des fêtes beaucoup allaient se mêler aux Juifs.

(1) P. Allard, *L'art païen sous les empereurs chrétiens*, p. 95. Le temple de Vénus Céleste ayant été transformé en église, on le démolit plus tard parce que le peuple mêlait les deux cultes (*Op. cit.*, pp. 288-290).

(2) Puech, *Saint Jean Chrysostome et les mœurs de son temps*, pp. 182-187.

La magie chrétienne est celle qui se rapporte à l'interprétation superstitieuse des sacrements et des actes rituels : « Aux yeux de beaucoup de chrétiens la prière, dit M. Puech (1), apparaissait comme une sorte d'incantation, un refrain de sorcières. L'opinion qui peut avoir contribué à décider le superstitieux Constantin, quand il s'avisa de chercher un dieu fort dont la main protectrice le soutînt et foudroyât ses ennemis, était aussi le premier mobile de la croyance de ces mauvais chrétiens. » Saint Jean Chrysostome lutta toute sa vie contre ce « ritualisme superstitieux » (2).

Cette interprétation magique des rites et des sacrements explique pourquoi on retardait le baptême jusqu'au dernier moment ; on ne faisait appeler le prêtre que si le médecin déclarait tout espoir perdu. Mais il ne faudrait pas croire que cette superstition fût spéciale aux mauvais chrétiens ; est ce que sainte Monique ne retarda pas le baptême de son fils saint Augustin ? Elle voulait attendre qu'il fût marié pour le faire baptiser, dans l'espoir de faire effacer ainsi toutes les fautes d'une jeunesse orageuse (3).

(1) Puech, *op. cit.*, p. 183. Je considère comme des survivances les formules magiques composées de paroles chrétiennes qu'on employait dans les maladies *(Op. cit.*, p. 181), et même les prières faites pour obtenir la satisfaction d'une vengeance *(Op. cit.*, p. 184). De telles prières s'emploient encore beaucoup dans le midi de la France ; on fait brûler un cierge renversé, en récitant des oraisons de l'office de saint Antoine de Padoue.

(2) Puech, *op. cit.*, p. 317.

(3) Dans les *Confessions* (livre VI, 13) saint Augustin confirme ce que nous savons du caractère superstitieux de

Je crois que le païen Zosime n'avait peut-être pas tout à fait tort (1) quand il attribuait la conversion de Constantin au désir de se purifier qui l'étreignit après le meurtre de sa femme et de son fils. Il n'est pas douteux que l'empereur ne fût chrétien avant cette époque, mais son zèle pour sa nouvelle religion peut bien avoir été plus grand après ces crimes ; en tout cas, il prit la précaution de ne se faire baptiser qu'à son lit de mort et son fils Constance l'imita.

G *page 102*

Nous assistons depuis quelques années à un grand mouvement pacifique en Europe ; les gens de lettres font, presque tous, profession d'être partisans de la *paix par le droit ;* l'interprétation de ce phénomène n'est pas très facile.

Il faut remarquer, tout d'abord, que l'idée d'un tribunal international, statuant souverainement sur les différends entre les divers pays, est une vieille idée catholique ; aussi le pape avait-il quelque droit de réclamer son droit de prendre part aux conférences de La Haye.

On se demande ce qu'auraient fait les promoteurs de la *paix par le droit* si le pape, ayant obtenu d'être signataire du traité, avait demandé au tribunal nouvel-

sa mère, en nous apprenant qu'elle demandait souvent à Dieu de lui envoyer des songes prophétiques.

(1) Tome i, p. 19.

lement institué de juger les querelles qu'il a avec le gouvernement italien ! Le clergé catholique, habituellement si partisan de la force, a, aujourd'hui, mis tout son espoir dans un jugement international, qui, pense-t-il, ne pourrait être que favorable à la restauration du pape.

D'autre part, la Russie, qui fut à la tête de la nouvelle entente pour *la paix par le droit,* a acquis une autorité particulière dans ces questions, grâce à la manière dont elle applique les traités. Ses procédés en Finlande ont montré qu'elle possède la science d'un droit tout à fait inaccessible aux malheureux Occidentaux. Aussi pouvons-nous être assurés qu'elle poursuit, elle aussi, une fin tout à fait désintéressée et civilisatrice, en se faisant le champion de l'arbitrage international.

Enfin à peine le traité de La Haye était-il accepté que les grandes puissances se livraient à un brigandage, qui rappelle celui des *conquistadores* du xvi⁰ siècle, aux dépens de la Chine ; là encore la Russie donnait des preuves non équivoques de sa manière superlativement civilisatrice de comprendre le droit, les missionnaires catholiques se distinguaient aussi dans ces opérations ; personne ne songeait à recourir à un arbitrage pour régler le différend.

Pourquoi donc tant d'hypocrisie ? Le but poursuivi par les Moscovites est assez facile à comprendre ; ils ont cru que le régime gladstonien avait tellement abruti les Anglais que ceux-ci accepteraient, sans trop se faire prier, un tribunal composé de manière à condamner toujours la perfide Albion, au nom des éternels principes de la morale et à ne jamais inquiéter la sainte

Russie. On avait vu l'opinion publique anglaise se montrer si folle que cette supposition n'était pas trop absurde ; mais le tzar avait compté sans l'Allemagne. On avait tant de fois célébré en Europe les idées de Tolstoï que le gouvernement russe pouvait croire le moment favorable pour tâter le terrain.

En Angleterre, le mouvement pacifique est lié étroitement à la continueîle décadence intellectuelle (1) qui frappe ce pays et à la disparition de l'idée civique. En Italie, il y a un vrai *fanatisme pacifique;* je l'attribue aux causes qui font de l'Italie un pays si arriéré économiquement.

En France la propagande pacifique n'a pas de grandes conséquences pratiques ; les partisans de la *paix par le droit* sont les premiers à accepter les conquêtes de Madagascar et de la Tunisie, dans lesquelles le gouvernement français montra, comme on le sait, un si profond respect des règles élémentaires de la justice ! Ils ne songent à appliquer les grands principes qu'à l'Angleterre qui a dérangé les opérations vertueuses que combinait le président Krüger avec des hommes d'affaires allemands et français.

Les protestations de nos pacifiques appartiennent à la catégorie de ce que les socialistes appelaient, il y a

----

(1) N'a-t-on pas vu le gouvernement anglais reculer devant les agitations des anti-vaccinateurs ?

En Angleterre beaucoup de libéraux (et hélas aussi des socialistes qui répètent les âneries libérales) croient que le monde est tributaire de leur pays et ne peuvent arriver à comprendre pourquoi les hommes d'Etat anglais veulent étendre l'empire britannique.

dix ans, les manifestations de l'hypocrisie bourgeoise. Elles ne gênent, en aucune façon, nos ministres, qui n'ont même pas besoin de se défendre ; à quoi servent elles donc ? De tout temps l'Eglise a eu d'excellents serviteurs qui, la mort dans l'âme, la servent avec le plus grand dévouement et, tout en se lamentant sur les abus de Rome, s'appliquent à empêcher toute révolte. Les pacifiques français jouent ce rôle ; la bourgeoisie ne se contente pas de les laisser tranquilles ; elle les bénit et, au besoin, leur accorde quelques honneurs ; elle sait bien qu'ils sont des auxiliaires excellents pour endormir le prolétariat. S'ils devenaient jamais dangereux, elle saurait bien les mettre à la raison. Quand ils ont voulu marcher avec les révolutionnaires et les démocrates dans l'affaire Dreyfus, on leur a brutalement signifié que la bourgeoisie n'entendait pas être servie de cette manière. Je crois qu'ils ont compris et qu'ils se contenteront désormais d'adresser des objurgations à la Justice éternelle contre les maux de la guerre. Si des nations étrangères, arrivées à un haut degré de décrépitude politique, écoutent nos pacifiques, ce sera tant mieux pour notre bourgeoisie qui veut rester conquérante. La *Paix par le droit* pourrait être un excellent article d'exportation.

H *page 104*

Il est impossible d'exprimer autrement que sous une forme mythique les idées relatives à la patrie. La langue des sciences a été faite pour séparer les êtres les uns des autres et pour dire en quelles espèces on peut classer les divers rapports qui existent entre les choses. La langue du droit a été construite pour exprimer des rapports dualistes, et elle ne s'applique même exactement qu'aux seuls rapports qui ont reçu une certaine consécration par la loi et acquis la possibilité d'être sanctionnés par la force publique. Quand on veut sortir des limites du droit romain, il faut donner aux mots un sens qui n'est plus celui des codes, et on s'expose à tomber dans mille erreurs.

Il y a dans le monde quelque chose de tout aussi réel que l'individu : nous sentons le poids de l'histoire et nous ne pouvons cependant dire que nous soyons *solidaires*, soit d'un passé qui a fini, soit d'un avenir qui n'existe pas encore (1). Dès que nous commençons à considérer la patrie, la tradition, et ainsi à dépasser les limites de notre activité juridique pour entrer dans les considérations relatives à la politique, alors nous rencontrons (2) « quelque chose de religieux et de divin » — c'est-à-dire quelque chose qui est étranger à la science de la nature ainsi qu'au droit. Nous avons tous conscience que nous ne travaillons pas seulement pour obtenir la plus grande somme

(1) Le droit, comme la science, a pour objet quelque chose de réel ou du moins quelque chose qui soit capable d'être rabattu sur le plan de la vie actuelle. Mais l'homme ne vit pas uniquement dans ce milieu ; toute l'œuvre politique a pour objet l'avenir ; elle supprime le présent et prétend relier le passé et le futur dans un mouvement idéal. Des mythes seuls peuvent exprimer cette vie idéale.

(2) Renan. *La réforme intellectuelle et morale*, p. 241.

possible de bonheur et que, par suite, la société politique est tout autre chose qu'une association de profits.

Pour exprimer ces réalités nous employons une langue qui n'a pas été faite pour elles, et par suite nous ne pouvons les décrire que par des mythes : il y a tout avantage à entrer résolument dans la voie des expositions mythiques, au lieu de se laisser tromper par des apparences scientifiques ou juridiques. Renan a très brillamment décrit le spectacle qu'offrait la conquête romaine aux gens qui la voyaient se produire (1) : « Ce qui était terrible, c'était la résolution, l'obstination, l'énergie qu'on sentait derrière ces légions, derrière ces ambassadeurs représentant une *force inéluctable. Le Sénat était vraiment un Dieu lointain et caché*, dont les décrets s'accomplissaient avec l'inflexibilité du destin... Pas une fois les héros de ces légions ne demandent pourquoi on les mène au bout du monde. Ils travaillent, ils s'exténuent — pour le vide, pour le feu, dit le penseur juif — oui, sans doute ; mais voilà la *vertu* que l'histoire récompense. »

Il faut observer que ces mythes ne sont intelligibles que tout autant qu'il y a des réalités tangibles permettant de les comprendre : la divinité de la conquête romaine nous est beaucoup plus intelligible aujourd'hui, grâce à nos souvenirs de la Révolution, qu'elle ne l'était aux chrétiens du ıv^e siècle, habitués à ne plus sentir autour d'eux la main puissante de Rome et à ne plus croire à l'infaillibilité de sa force.

(1) Renan, *Histoire d'Israël*, tome ıv, p. 267.

C'est cette *divinisation de la force politique* qui
rend compte de l'idée de patrie ; M. Thamin a bien
compris quel rôle la formation de l'Etat romain a eu
sur la pensée antique (1) : « L'Etat romain est la *forme
concrète* sous laquelle [Cicéron] renferme l'idée philosophique de la solidarité humaine. Ce qu'il demande au stoïcisme, c'est de justifier son patriotisme,
c'est d'en faire la théorie. La patrie est supérieure à
toutes les autres affections et, en cas de conflit, elle
doit passer avant toutes... Là est le centre de la morale
cicéronienne. »

Il me semble que si la sociologie moderne est impuissante à rien créer, cela tient, en grande partie, à
ce qu'elle n'a pas reconnu le caractère mythique de
beaucoup de notions qu'elle examine et qu'elle prétend exposer dans une langue scientifique, qui ne leur
est pas appropriée : de là résulte une singulière aber-
ration, qui fait souvent parler les sociologistes comme
des somnambules.

I *page 114*

Je crois qu'il y a avantage à toujours rapprocher
l'histoire de Rome et celle de l'Angleterre moderne ;
jadis on assimilait Carthage et la perfide Albion, sous
prétexte de comparer deux pays dominés par des oli·

____

(1) Thamin, *Saint Ambroise et la morale chrétienne*,
p. 199. On remarquera que le patriotisme est ici considéré
comme antérieur à l'idée.

garchies marchandes ; ce genre d'*explication économique est tout à fait vicieux ;* en Angleterre c'est
l'aristocratie foncière qui s'est, presque toujours, montrée faible et lâche dans la politique extérieure.

Les oligarchies riches qui peuvent vivre tranquilles,
ne sont pas propres à gouverner des pays militaires ;
la bourgeoisie française, qui comprend un si grand
nombre de boutiquiers, de petits fabricants, est d'une
susceptibilité dont rien n'approche sur les questions
d'honneur national. Les *tories* anglais n'ont jamais
cherché à tirer complètement parti des guerres victo-
rieuses dans lesquelles leur pays était engagé ; ils ont
souvent sacrifié l'avenir à un désir immodéré de conclure la paix : cela s'est vu notamment au xviiie siècle
pour les traités d'Utrecht et de Paris. D'ordinaire le
gouvernement anglais se montre d'une négligence
prodigieuse et il n'a aucune vue d'avenir ; il vit au jour
le jour. Rogers s'étonne de la sottise montrée par l'Angleterre au Canada (1) ; après des révoltes, on a am-
nistié les rebelles, on les a comblés d'honneurs et
on leur a accordé plus qu'ils ne demandaient (2), on a
laissé l'Eglise catholique garder dans ce pays « des
moyens d'influence qui partout ailleurs lui ont été retirés comme incompatibles avec la suprématie du pouvoir civil ».

La guerre actuelle du Transwaal, a fait voir d'une
manière frappante, ce qu'est le gouvernement d'une
oligarchie riche : les officiers anglais n'ont aucune

(1) Rogers, *Interprétation économique de l'histoire,*
trad. franç., p. 295.

(2) Rogers, *op. cit.,* p. 293.

idée des obligations qu'impose le métier des armes ;
ils vont à la guerre en gentilshommes comme à une
partie de *football* ; quand ils en ont assez, ils se rendent,
avec leur troupe, jugeant qu'il est malséant à un homme
bien élevé de montrer un entêtement stupide dans la
résistance : reconnaître avec élégance qu'on a perdu
sa partie est le fait d'un vrai gentilhomme. Lorsque le
gouvernement a cru devoir mettre en disponibilité
quelques-uns de ces imbéciles, il a soulevé de vives critiques : en France on eût demandé leur tête ; les bourgeois anglais ont eu peur qu'on eût été trop sévère
pour des gens du monde.

Cette guerre rappelle, par bien des côtés, les guerres
de l'Ancien Régime (1). Les oligarchies riches ne peuvent se mettre à la hauteur des conditions créées par
les grandes luttes de la Révolution : « on se bat maintenant comme des goujats », disait un vieil émigré en
parlant des armées modernes. Les Barbares étaient au
IVe siècles les seuls qui pussent encore comprendre la
guerre ; les Romains étaient, comme nos officiers
nobles des dernières années du XVIIIe siècle, trop *civilisés* pour se mêler à cette sauvagerie ; les Anglais
d'aujourd'hui sont comme les Romains, trop riches,
trop philanthropes, trop préoccupés de leurs devoirs
de chrétiens pour savoir se défendre.

(1) Il me semble certain que nos troupes d'Afrique, aidées
par des régiments cafres, auraient, en six mois, exterminé
les Boers ; mais à la condition de faire la guerre comme
nous la faisons partout.

J *pages 115 et 131*

Les catholiques ne semblent pas encore avoir pardonné à Stilicon; au ve siècle ils l'accusaient de ruiner l'Empire en dépenses militaires inutiles et de faire la guerre par pure ambition ; A. Thierry (1) a fait bonne justice de ces niaises calomnies de sacristie ; M. Ferrère les reprend, mais avec cette habileté sournoise qui caractérise les catholiques actuels, il cherche à *insinuer*, sans rien affirmer ; il nous dit (2), par exemple, qu'on exploitait les sentiments de *juste horreur* voués à l'homme qui avait appelé les Barbares au milieu de l'Empire et il se réfère à Orose, qui est le P. Loriquet de l'histoire romaine ; — qui n'admirerait cet euphémisme : « *Stilicon périt de mort violente* » ?

Stilicon n'avait pu accorder qu'une tolérance relative ; mais cette tolérance est déjà bien étonnante pour le temps et après la guerre faite par Théodose aux ennemis de l'Eglise. Il avait notablement réduit le pouvoir des évêques (3), ce qui rendait moins efficaces les lois rendues en faveur du catholicisme ; il donna des charges très importantes aux membres de l'aristocratie païenne ; ses ennemis accusèrent son fils Eucherius d'être païen. Après sa chute la fureur des gens pieux se déchaîna sur sa famille (4) ; la sœur de

(1) A. Thierry, *Alaric*, p. 328.
(2) Ferrère, *op. cit.*, p. 95.
(3) A. Thierry, *op. cit.*, p. 273.
(4) « Tout entier au sentiment de son triomphe, le parti catholique excusait ces crimes ou les atténuait pour ne pas

l'empereur, Placidie (1), qui avait été « l'âme du parti catholique à la cour pendant la vie de Stilicon », se trouva à Rome, on ne sait par suite de quelles circonstances, au moment où Alaric marchait, pour la première fois, sur la Ville ; elle accusa de trahison sa cousine Sérène, veuve de Stilicon ; l'infortunée fut condamnée à être étranglée. Les païens virent dans cette mort une punition du sacrilège commis jadis par Sérène, qui avait insulté les vestales et arraché le collier de Vesta ; beaucoup de sénateurs étaient païens et ils furent bien aises de se prêter à la vengeance de Placidie.

Les lois catholiques se succédèrent avec une véritable fureur (2) ; l'armée qui avait été jusque-là tenue en dehors des querelles religieuses, fut désorganisée par la mise en disponibilité de tous les non catholiques ; presque tous les officiers barbares étaient ainsi exclus ; l'empereur fut lui-même effrayé de son ouvrage.

M. Ferrère cherche à *insinuer* que les païens d'Afrique se crurent sauvés en apprenant la mort de leur *ennemi* Stilicon, et à nous faire croire que cet évé-

avoir à en rougir. L'Eglise et le prince, nous dit Orose, furent ainsi *sauvés à bon marché* par le châtiment de quelques pervers » (A. Thierry, *op. cit.*, p. 350). Quant aux païens ils haïssaient Stilicon parce qu'il avait profané le Capitole et fait brûler les livres Sibyllins. (*Op. cit.*, p. 321.) Le païen Zosime lui rend cependant cet hommage qu'il n'a pas vendu les charges publiques, volé l'argent de l'armée et qu'il fut le plus modéré de tous ceux qui occupèrent le pouvoir de ce temps.

(1) A. Thierry, *op. cit.*, p. 372.
(2) A. Thierry, *op. cit.*, pp. 351-358.

nement aurait été favorable à la tolérance ; mais il lui faut pour cela *interpréter* un passage d'une lettre de saint Augustin (lettre xcvii) dans laquelle cet évêque excite Olympius à faire mieux que son prédécesseur : cette lettre est pleine de diplomatie et doit être lue avec soin. J'admets d'ailleurs très bien, que païens et hérétiques eurent plus d'audace le jour où ils apprirent que le pouvoir passait entre des mains incapables.

Quant à la stupidité des hommes que le parti catholique porta au pouvoir, le livre d'A. Thierry la montre suffisamment (1).

K *page 125*

Chez les anciens la *respectabilité* avait joué un très grand rôle non seulement à Rome, mais en Grèce ; elle est un des moyens par lesquels on peut donner aux hommes avec lesquels on vit, une idée avantageuse de son caractère ; nous n'admettons pas que ceux qui nous commandent manquent de sérieux. Dans les pays qui possèdent, à un haut degré, l'esprit militaire, les officiers sont toujours en uniforme, parce que l'uniforme est une marque de sérieux. On sait combien les Romains étaient scandalisés de la mauvaise tenue d'Adrien, qui s'habillait comme un Grec.

Une assez singulière disposition de notre esprit, et

(1) Zosime voit dans les malheurs qui suivirent la mort de Stilicon les manifestations de la furie d'un démon qui tourmente les hommes depuis que les dieux se taisent.

encore fort mal expliquée, fait que nous accordons aux
gens redoutés le droit de s'abandonner, de temps à
autre, à de grosses charges ; la bouffonnerie apparaît,
en effet, dans presque toutes les existences des plus
terribles manieurs d'hommes ; je l'ai signalée chez
Bismarck, qui aimait assez la plaisanterie néro-
nienne (1) ; on pourrait trouver aussi bien des exemples
dans la vie de Napoléon. Les farces des Césars scan-
dalisaient les philosophes, mais amusaient prodigieusement le peuple, qui y voyait des intermèdes comiques très convenablement intercalés dans un drame.

Par contre, les princes orientaux tributaires manquaient de respectabilité aux yeux des Romains ;
Bérénice n'en avait pas du tout et on le lui fit bien
sentir (2).

Les mystiques disent qu'il faut mépriser le *respect
humain*, et donner au drame que joue le pénitent,
l'aspect d'une protestation contre les traditions de
respectabilité. Cette doctrine n'a pas été, je crois,
encore parfaitement éclaircie par les psychologistes ; le
culte si singulier de saint Labre, qui a acquis une
telle popularité de nos jours, aurait eu cependant

(1) « Chez presque tous les grands aventuriers on trouve un
goût remarquable pour la bouffonnerie. Bismarck nous apparaît durant la guerre de 1870 comme un clown stupide et
méchant : sa plaisanterie sur *l'odeur d'oignon frit* qu'il se
permit à Bazeilles, ses circulaires sur les prétendues
balles explosibles des Chassepots et sur le vernis empoi-
sonné des projectiles des mitrailleuses, ne doivent pas être
expliquées par sa haine instinctive ; ce sont de grosses
scènes de bouffonnerie. » (*Pays de France*, sept. 1899, p. 556).

(2) Renan, *Les Evangiles*, p. 145.

besoin d'être expliqué : il est, en effet, assez bizarre
que des gens du monde s'enthousiasment à ce point
pour un pèlerin vermineux et aiment à le voir représenté avec des poux sur le corps.

Il ne faut jamais oublier que les mystiques ont
découvert qu'il n'y a pas de différence substantielle
entre le cours des sentiments qui correspondent soit
à l'amour divin, soit à l'amour humain ; nous devons
donc nous attendre à trouver dans la pratique mystique
toutes les aberrations érotiques ; et il est évident que
les émotions du *masochisme* (1) sont apparentées de
très près aux émotions des religieux qui éprouvaient,
nous assure-t-on, un si grand plaisir à souffrir (2).
C'est là une forme très basse d'un sentiment qui, se
développant et s'intellectualisant, deviendra le *désir
du sacrifice;* les mystiques ne s'y sont pas trompés et
ils n'ont jamais regardé les formes inférieures comme
une *perversion.*

L'*héroïsme* de saint Labre n'est pas une invention
tout à fait moderne ; au XVIIe siècle un magistrat bre-
ton, Kériolet (3), converti par les miracles des possé-

(1) On désigne de ce nom, imaginé par Krafft-Ebing, la
forme de l'érotisme qui se montre chez beaucoup de personnes qui éprouvent une grande jouissance à être mal-
traitées ou humiliées par l'être aimé.

(2) Il convient de signaler ici que parmi les pénitences
que s'infligent les mystiques, il y en a qui ont une vertu
curative et qui devraient être mises à part dans une étude
scientifique de la question ; ainsi la flagellation modérée
peut, dans beaucoup de cas, avoir été bienfaisante, en facili-
tant la circulation du sang.

(3) Ce Kériolet, dont le P. Surin a parlé abondamment,

dées de Loudun, se mit à faire des pèlerinages sans
changer de chemise tout le long de son voyage, et à
pratiquer la *mortification des poux*. Mais nous devons
nous demander pourquoi des personnes qui, dans leur
vie régulière, restent étrangères à ce genre de sainteté, prennent goût à entendre décrire ou à voir repré-
sentés des incidents qui ne sont rien moins que ragoû-
tants. Saint François de Sales, qui fut le prophète du
mysticisme parfumé, ne s'avise-t-il pas de donner à ses
belles pénitentes des exemples de mysticisme sale (1) ?
« Saint François et sainte Catherine de Sienne lé-
chaient et suçaient les ulcères des ladres et chan-
creux ; le glorieux roi saint Louis servait à genoux et
tête nue les malades... C'était encore une pratique
bien extraordinaire de ce saint monarque de servir à
table les pauvres les plus vils et les plus abjects, et
manger les restes de leurs potages. »

Ce genre littéraire s'explique facilement quand on
réfléchit que dans certains procès figurent des corres-
pondances érotiques tout à fait nauséabondes, écrites
parfois par des personnes distinguées. Mais il faut
encore ajouter que presque toujours les gens chez lesquels on constate ces phénomènes dits de perversion,

était un personnage extraordinaire ; il avait voyagé en
Orient et avait failli se faire musulman ; il s'était livré
à la magie, ne croyait à rien et était fort passionné
pour les femmes : il était prédisposé pour une conversion
éclatante.

(1) Saint François de Sales, *Traité de l'amour de Dieu*,
livre VI, chap. x. (Dans l'édition abrégée du P. Bouix,
p. 257.)

sont impuissants, au moins dans une très large mesure ; leur imagination se porte sur des images obscènes, presque en proportion de l'impuissance à la jouissance normale. Cette constatation offre pour nous une très grande importance, parce que nous pouvons la transporter de l'érotisme dans la mystique, et dire que la vulgarisation de cette littérature nauséabonde prouve que, de notre temps, les personnes qui prétendent se lancer dans les voies religieuses, n'ont pas de dispositions pour la religion. Je crois que le culte de saint Labre offre, par suite, un intérêt particulier, car il caractériserait l'impuissance du catholicisme contemporain. Tous ceux qui peuvent observer les classes où l'on fait grand étalage de religion, reconnaîtront qu'en effet les gens pieux se donnent bien du mal pour arriver à se convaincre qu'ils sont pénétrés de l'amour de Dieu !

On a parfois confondu cette dégénérescence si basse de la mystique avec les obscénités de la *mystique diabolique*, qui n'est pas autre chose que la magie. Les médecins modernes ont, très souvent, commis cette faute ; leur erreur provient de ce qu'en pratique, il y a parfois mélange des deux genres de phénomènes.

L *page 132*

Dans ces derniers temps on en est venu à nier le rôle joué par saint Augustin dans la persécution des donatistes. M. Hatzfeld ose bien écrire (1) : « Lorsque

(1) Hatzfeld, *Saint Augustin*, p. 81.

es empereurs portent contre [les donatistes] des lois sévères, Augustin intercède pour les coupables et n'emploie contre eux que les armes de la douceur et de la persuasion. » M. Ferrère plaide les circonstances atténuantes : il cherche à prouver (1) que saint Augustin ne se montre partisan de mesures de rigueur que contre les seuls donatistes, qu'il ne parle jamais de punir les manichéens ni les pélagiens.

Il faut reconnaître que le schisme des donatistes était tout autre chose qu'une querelle religieuse et qu'il n'a cessé d'engendrer de terribles discordes en Afrique ; à un moment il y eut violentes révoltes de colons opprimés par les propriétaires d'immenses *latifundia*. En 404 saint Augustin avait été dans la minorité qui au concile de Carthage s'était prononcée pour les moyens pacifiques ; il semble avoir changé quand il vit que toutes les discussions aboutissaient à des actes de violence. Je veux bien admettre toutes ces raisons ; mais les thèses de saint Augustin présentent un tel caractère de généralité qu'il est im-

(1) Ferrère, *op. cit.*, p. 217. Cette preuve n'est peut-être pas très concluante, car il est possible que saint Augustin n'ait pas eu besoin d'intervenir; l'Église fit, d'ailleurs, appel au bras séculier contre les pélagiens *(Op. cit.*, p. 343). Quant aux manichéens, ils furent proscrits par Dioclétien à une époque où les chrétiens étaient encore en très grande faveur auprès de lui; ils n'ont jamais cessé d'être persécutés ; M. Ferrère nous avoue que la mort de Stilicon rendit la persécution plus rigide (p. 296). Le donatisme était tantôt poursuivi, tantôt toléré par les empereurs; c'était là le danger ; « l'Eglise *gémissait*, dit notre auteur, *mal défendue par l'Empire* » (p. 151).

13.

possible de ne pas le considérer comme le grand docteur des thèses sur la persécution. M. Boissier a le droit de dire (1) : « L'Eglise se les approprie dès le ve siècle et en fait la règle de sa conduite » et de rappeler que ce n'est pas sans raison qu'au xviie siècle les arguments de saint Augustin parurent décisifs contre les huguenots. M. Ferrère aura beau contester, les textes sont trop nombreux et trop précis pour qu'il puisse convaincre personne.

En 409 l'Empire étant plus menacé que jamais, Olympius étant disgracié, Honorius adoucit la persécution, pour gagner les Africains, dont la fidélité est douteuse ; « l'Eglise d'Afrique, dit M. Ferrère (2), n'entra point dans ces calculs de la politique impériale » et elle réclama. D'après le même auteur les lois rigoureuses rendues en 408 après la mort de Stilicon, avaient été le résultat de l'intervention de saint Augustin.

Je sais bien que l'évêque d'Hippone n'était pas grand partisan de la violence ouverte ; comme les évêques du xviie siècle, il avait grande confiance dans un mélange *paternel* de force et d'insinuation et comptait beaucoup sur *l'intimidation du méchant.* Cela prouve qu'il connaissait à fond les diverses méthodes de persécution.

On objecte que saint Augustin est intervenu quelquefois auprès de l'autorité romaine en faveur de donatistes criminels ; mais ici il faut tenir grand compte d'un état d'esprit très développé dans la province d'Afrique : dans ce pays tout criminel était

(1) Tome i, p. 77.
(2) Ferrère, *op. cit.,* p. 97.

l'objet de manifestations de pitié vraiment extraordinaires (1) ; les moines intervenaient souvent pour empêcher l'exécution des sentences capitales, sous prétexte d'amener les coupables à la pénitence. Saint Augustin ne pouvait pas faire moins que de suivre les errements de ses compatriotes (2), qui l'auraient tous blâmé. Ces sentiments ne nous étonnent pas beaucoup ; car on les trouve dans beaucoup de pays peu civilisés : dès qu'un homme est tombé entre les mains de l'autorité, on oublie ses crimes et s'il est exécuté, il a des chances pour devenir un héros ou même un saint. Cela est facile à constater par exemple, chez les Arabes en Algérie.

Le donatisme est extrêmement intéressant parce qu'il n'y [avait en jeu aucune question dogmatique ; mais la hiérarchie était en danger ; dans chaque ville il y avait évêque contre évêque ; l'idée de l'unité du pouvoir se trouvait ainsi ébranlée dans ses racines et c'est ce que saint Augustin ne pouvait admettre. Le schisme donatiste aurait pu amener l'émiettement de l'Eglise et par suite fournir les conditions d'une certaine liberté de conscience ; aussi était-il beaucoup plus dangereux pour les catholiques que les théories des pélagiens sur la grâce ou les rêveries des manichéens sur le principe du mal (3).

(1) Ferrère, *op. cit.*, p 27.

(2) Saint Augustin expose que l'autorité ne doit pas punir de mort parce qu'il faut laisser au coupable le temps et l'occasion de se repentir (Ferrère, *op. cit.*, p. 217).

(3) La situation des donatistes rappelle beaucoup celle des jansénistes ; on sait de quelle haine les vrais catholiques ont poursuivi ces dissidents.

On se demande ce qui a pu occasionner ce grand schisme ; les écrivains catholiques, suivant l'usage du temps, ne nous font connaître que des raisons assez futiles : comme presque toujours il y aurait à l'origine de la querelle une intrigue féminine ; une dame riche, réprimandée pour avoir adressé un culte à de fausses reliques, se serait mise à la tête d'un parti formé contre l'évêque de Carthage. Ce petit fait est très possible mais il ne suffit pas à expliquer un phénomène aussi considérable que le schisme donatiste. M. Ferrère pense qu'il faut tenir grand compte de l'opposition que les populations de l'Aurès ne cessèrent de montrer en face de l'administration romaine.

Je suis étonné que personne n'ait songé à faire intervenir ici un facteur qui me semble avoir été prépondérant : encore à l'heure actuelle les Berbères sont rebelles à toute organisation unitaire ; leur régime est extraordinairement anarchiste ; les groupements de villages n'ont pas de solidité et dans chaque village il y a des luttes ardentes entre les *Çofs*. L'émiettement de l'autorité épiscopale était extrême en Afrique ; il y avait, environ, 700 évêques ; il devait y en avoir à peu près un par bourg : nous retrouvons ici un des caractères essentiels de la vie localisée des Berbères. Dans chaque bourg il est tout naturel que chaque *Çof* ait voulu avoir son évêque et le schisme donatiste, uniquement fondé sur des questions de discipline ecclésiastique, fournissait une excellente occasion aux populations africaines pour manifester leurs goûts anarchistes (1).

(1) M. Boissier nous dit qu'à la conférence contradic-

Au milieu de ces querelles de partis les intrigues des *femmes riches* peuvent avoir joué un rôle assez important.

M *page 145*

Il faut attacher une très grande importance aux changements qui se produisirent à la fin du XVIII⁵ siècle et qui se manifestèrent par l'extraordinaire succès de l'*Emile* (1762). Je ne pense pas qu'on puisse dire que Rousseau a changé les idées de ses contemporains, mais je crois qu'il a admirablement donné un corps à des tendances encore incapables de s'exprimer dans les écrits des gens médiocres ; il fallait un homme d'un génie supérieur pour faire comprendre à ses contemporains ce qu'ils sentaient d'une manière vague. Plus le XVIII⁵ siècle vieillit et plus aussi le sentiment religieux devient fort ; quant à Rousseau il se sent, de plus en plus, éloigné des philosophes.

La Révolution ne détruisit pas le catholicisme, comme le pensent les observateurs superficiels ; la France ne tenait pas dans quelques salons parisiens; quant aux imitateurs provinciaux, leur nombre était assez faible ; presque tous ces libres-penseurs furent des fonctionnaires également serviles des gouvernements révolutionnaires, de l'Empire, parfois même de la Restauration. Mais la très grande masse de la population était catholique et les malheurs des temps développèrent chez presque tous les hommes instruits un

toire tenue à Carthage en 411, il y eut 270 évêques donatistes et 286 catholiques (Tome 1, p. 74).

goût singulier pour le mystère : des événements si extraordinaires se produisaient en dehors de toutes les prévisions humaines que l'on était tenté de revenir aux vieilles interprétations bibliques du gouvernement providentiel ; ces idées prirent même la forme sous laquelle on les trouve dans les premiers temps de notre ère, la forme apocalyptique : de grandes épreuves sont imposées aux hommes, mais il ne faut pas perdre courage, parce qu'une ère de prospérité inouïe va bientôt commencer. Le succès extraordinaire des pamphlets royalistes qui expliquent la Révolution par des complots ourdis au sein des sociétés impies, s'explique très facilement (1) quand on connaît cet état d'esprit ; enfin arrive de Maistre qui donne à tout ce fatras, aujourd'hui oublié, une conclusion connue encore actuellement à cause de sa valeur littéraire ; mais il ne faudrait pas croire qu'il eût créé ce genre d'explications mystérieuses.

Un autre fait doit attirer l'attention : quand le catholicisme renaît, tout le monde se jette avec ardeur sur les livres de Chateaubriand ; celui-ci cherchait à agir sur les sentiments en montrant les harmonies de la nature, la beauté des institutions chrétiennes et la force d'exaltation que la religion donne au génie ; il suivait les exemples données par Rousseau et n'innovait que dans son style.

Nous trouvons ce genre d'apologétique toujours à la mode jusqu'au milieu du xixe siècle ; la *Vie de Jésus*,

_____

(1) Voir par exemple un article intitulé *Un bourgeois de province après la Révolution* (par M. Torreilles), dans la *Revue des questions historiques*, avril 1895.

de Renan a été un effort très curieux pour reconstituer les premiers temps du christianisme d'après un idéal fortement apparenté à celui de Rousseau ; ce livre constitue presque une survivance, car il diffère totalement de tous les autres écrits contemporains relatifs à ces époques antiques.

Ainsi quand on ne se laisse pas prendre aux aspects superficiels et brillants de la Révolution, celle-ci ne nous apparaît point comme la fin d'un monde, mais comme une crise qui, au milieu d'un processus, brise d'anciennes formes fossilifiées pour permettre une plus rapide extension aux forces qui existent dans la société. Presque tout de suite après la crise on voit se produire les projets si nombreux de réformes sociales qui caractérisent le commencement du XIXe siècle ; les nouveaux réformateurs continuent l'œuvre des littérateurs du siècle précédent. Il y a une continuité remarquable soit dans les procédés de raisonnement, soit dans les manières utopiques de concevoir la réalisation, soit dans l'idéal poursuivi ; les différences que l'on peut signaler dans les doctrines proviennent de ce que l'on commençait à introduire en France des formules allemandes (1).

Les nouveaux réformateurs tirèrent de l'expérience de la Révolution une conception qui manquait presque

____

(1) Fourier cite Schelling dans le *Nouveau monde industriel et sociétaire*, p. 16. Ahrens a signalé des importations hegeliennes dans la doctrine saint-simonienne (*Cours de droit naturel*, 6e édition, t. I, p. 89). L'expression « *organique* » dont les saint-simoniens et les positivistes ont tant abusé, vient certainement d'Allemagne.

complètement à leurs prédécesseurs : la ruine de l'Ancien Régime avait été si facile que les transformations les plus radicales semblaient devenir réalisables et les hommes avaient été si dociles qu'on ne trouvait pas absurde de les considérer comme une matière molle, pouvant recevoir n'importe quelle empreinte. Ce qui aurait pu être seulement jadis une berquinade sociale, est désormais traité comme un programme révolutionnaire sérieux.

La religiosité de Rousseau se retrouve partout ; souvent même on fait directement appel au sentiment chrétien : Fourier, dans le *Nouveau monde industriel et sociétaire*, relève les erreurs commises « en interprétation des saintes Ecritures » ; Saint-Simon écrit le *Nouveau christianisme* et accuse le pape de se conduire en hérétique ; Cabet prétend démontrer dans le *Vrai christianisme* que Jésus a prêché le communisme.

Après 1850 tout change ; le socialisme ne prétend plus être l'expression de l'idéal poursuivi par les sages du monde antique ; il se présente sous une forme économique ; il prétend qu'il est *nécessité* par le progrès industriel, qui apporte de nouvelles formes de production dont le développement est entravé par les anciens rapports juridiques. Il y avait bien quelque chose de cela dans les utopies antérieures ; jamais une doctrine n'apparaît comme une création absolue ; mais cette conception économique était jadis enveloppée de beaucoup de nuages et ne constituait réellement qu'une partie accessoire.

En même temps les enveloppes religieuses disparaissent comme par enchantement ; le socialisme

contemporain se proclame, assez volontiers, matérialiste et athée ; cela n'a pas un sens très satisfaisant
quand on se place à un point de vue abstrait ; mais
le sens est très clair pour qui considère la transformation des idées qui s'est faite au milieu du xixe siècle. Il
ne faut pas oublier que c'est en 1858 que parut le
livre le plus célèbre de Proudhon : *De la justice dans
la Révolution et dans l'Église* (1). Ce livre est une
déclaration de guerre à tout ce qui est apparenté au
christianisme : Rousseau est attaqué avec vigueur ;
Robespierre, surtout à cause de sa religion de l'Etre
suprême, est considéré comme l'ennemi de l'esprit révolutionnaire : « Il y a, dit Proudhon (2), l'infini entre la
Raison de 93 et l'Être suprême de 94... Ce ne fut qu'un
éclair ; la Révolution n'était pas en nombre. Le fanatisme, l'ambition envieuse et bavarde, étaient les
maîtres. La Raison déifiée fut, par l'imbécile messie

(1) Les passages suivants de ce livre montrent bien le
changement opéré : « Quant à ce qui est de la bénédiction
ecclésiastique et du baptême, je n'y eusse point répugné,
peut-être, avant 1848, à une époque où l'esprit de tolérance
qui animait tout le monde et s'imposait au clergé, faisait
de cette cérémonie la chose la plus insignifiante pour un
philosophe. Après la réaction de 1848, 1849, 1850 et 1851,
j'ai cru qu'il m'était défendu de *transiger avec qui me
proscrivait*, et j'ai mis autant de religion à m'abstenir que
j'eusse mis de condescendance, dix ans auparavant, à
m'exécuter » (tome iv, p. 7); « *Il n'y a rien là-haut*, disait
avec un geste magnifique, ce jeune ouvrier que la police
correctionnelle condamna l'an passé pour délit de société
secrète; *je crois à la justice* » (tome iii, p. 118).

(2) *De la justice, etc.*, t. iii, p. 118.

de Catherine Théot, déclarée suspecte et le *Suprême*
fit éclipser la liberté. »

N *page 149*

Je me suis servi ici d'une terminologie empruntée
en partie à Reuleaux (1). Il appelle *système cosmique*
celui dont l'astronomie nous fournit l'exemple le plus
parfait : des corps ont leurs mouvements complètement déterminés par des forces dont les lois mathématiques sont connues. Il appelle *système machinal*
celui dans lequel des forces agissant sur des combinaisons de figures, rigides ou élastiques, sont équi-
librées par des forces latentes qui se développent dans
la mesure nécessaire; elles donnent un mouvement à une
partie et déterminent ainsi les mouvements de tous les
autres éléments. L'homme est un fabricant de mécanismes faits en vue d'obtenir des mouvements appropriés à ses usages.

J'aurais aujourd'hui quelques réserves à faire sur la
formule que j'ai donnée dans le texte, au sujet de la
loi naturelle et de son interprétation, mais cela sorti-
rait de notre sujet (2).

Reuleaux a été extrêmement frappé de ce fait que
les inventions des machines ne présentent pas une
aussi grande irrégularité qu'on aurait pu le croire au
premier abord ; même aux époques anciennes, alors
que ces inventions étaient si rares et si mystérieuses

(1) Reuleaux, *Cinématique*, trad. franç., pp. 32-38
(2) Cf. ce que j'ai écrit depuis sur ce problème dans le
volume *Questions de morale* (Alcan, éditeur, pp. 9-12).

qu'on en rapportait le mérite aux dieux (1), « elles étaient le résultat d'un procédé de la pensée qui avait parcouru certains degrés de développement ». Aujourd'hui les rapports sont beaucoup plus apparents entre les divers degrés du développement (2) : « Pour le chercheur du temps passé, les phénomènes formaient une série sensiblement bornée, pour chacun d'eux, à la période d'apparition : ils se succédaient comme les grains d'un collier de perles et leur seul trait d'union était représenté par l'enchaînement des causes auxquelles ils étaient dus. Aujourd'hui, au contraire, à côté de cette dépendance des phénomènes, nous considérons, également, comme éléments fondamentaux et essentiels de nos recherches, le progrès et la marche continue de la pensée ; nous voyons bien moins l'enchaînement des phénomènes que ce qui peut d'abord leur donner la vie et leur assurer l'existence. »

Aujourd'hui que la science a permis de projeter des lumières sur les procédés suivis dans le perfectionnement et le renouvellement des machines, un champ d'une étendue pratiquement indéfinie est ouvert à l'activité humaine et, en même temps, il semble que les inventions doivent se produire plus régulièrement que jadis. Les inventions sont comme des créations de la nature, qui paraissent quand les conditions sont favorables, quand les matériaux sont prêts, quand les besoins se sont fait sentir. Dès le début de la grande industrie on fut très surpris de trouver des constructeurs capables de résoudre des problèmes nouveaux

____

(1) Reuleaux, *op. cit.*, p. 23.
(2) Reuleaux, *op. cit.*, p. 259.

que des circonstances imprévues avaient posés. En
1836 Ure s'écriait, à propos d'un perfectionnement du
métier à filer (1) : « Cette création était destinée à
rétablir l'ordre parmi les classes industrielles. La nouvelle de cet Hercule-fileur répandit la consternation
parmi les sociétés de résistance ; lorsque le capital
enrôle la science, la main rebelle du travail apprend
toujours à être docile ». Si les grèves amenèrent les
filateurs à modifier leurs procédés, la législation produisit un effet analogue. Marx observe (2) qu'en Angleterre les lois portant réduction de la journée de travail n'ont pas eu besoin d'accorder de longs délais,
— de six à dix-huit mois — pendant lesquels « c'est
l'affaire du fabricant de se débarrasser des difficultés
techniques. Or, la technologie moderne peut s'écrier
avec Mirabeau : Impossible ! ne me dites jamais cet
imbécile de mot. »

Si donc la technique prend ce caractère de développement *général*, *anonyme*, *inconscient*, si ses progrès
ressemblent à ceux d'une plante, que devient l'ancienne
conception de l'*invention divine* ? C'était pour une
société ayant une économie rudimentaire et une mécanique mystérieuse (3) que l'ancienne idéologie avait été
constituée ; s'il ne reste plus rien de cette vieille économie, de cette technologie préscientifique, que
devient donc la doctrine du *talent* ? Ainsi se constitue
une conception tout à fait nouvelle de l'égalité, qui

(1) Cité par Marx, *Capital*, tome I, p. 188, col. 2.
(2) *Capital*, p. 206, col. 2.
(3) Sur l'immobilité des techniques et leurs mystères,
cf. *Capital*, p. 210 ; sur le caractère « purement technolo-
gique » du travail, cf. *Capital*, p. 182, col. 2.

n'a aucun rapport avec celle des philosophes et qui est, tout entière, issue de l'atelier mécanique contemporain. Plus de génie (1) sortant des règles communes, tout le monde dépend de la machine et chacun prend le poste qui convient au *service de l'atelier*.

Cette égalité n'est pas l'ancienne égalité des conditions ; elle peut comporter des différences parfois considérables dans les rémunérations ; elle est *proportionnelle* et par suite, dans l'ordre quantitatif, est une inégalité. Mais que vont devenir les *penseurs*, les gens qui n'ont pas de place dans l'atelier de production ? Ils apparaissent comme des auxiliaires — ou plus souvent comme des parasites — que la société devra expulser avec d'autant plus d'énergie qu'elle atteindra une plus claire conception de la nature du travail. *Rien ne saurait*, en effet, *être réclamé comme un droit, qui ne corresponde à un travail* ; et le travail, au point de vue socialiste, est quelque chose de l'homme qui est incorporé dans le produit, à la naissance duquel cet homme a *directement* collaboré. Il n'y a pas à tenir compte à un savant des résultats que ses découvertes, une fois qu'elles sont entrées dans la pratique, ont amenés dans le progrès du travail ; sur ce point, jamais la conscience juridique du peuple n'a hésité ; si l'on accorde à l'inventeur un court monopole, c'est parce qu'on veut lui donner la possibilité de rentrer dans ses frais — et, le plus souvent, il n'y rentre pas.

(1) Aristote, *Politique*, liv. III, viii, 1 et 7 et xi, 12. Les hommes de génie sont d'après lui, en dehors des lois, qu ne peuvent régir que des hommes égaux.

Aussi, n'ai-je jamais pu comprendre comment tant d'hommes impropres à tout service technique peuvent être socialistes ; je ne puis me rendre compte de ce paradoxe qu'en observant de quelle *haine fanatique et féroce* les intellectuels pauvres ont toujours poursuivi les hommes riches, dès que ceux-ci cessaient de leur fournir des revenus. C'est le parasitisme littéraire qui reparaît ici.

O *pages 61, 156 et 165*

Le rôle des femmes a été énorme dans l'histoire de l'Eglise primitive ; nous les rencontrons à chaque instant et il faut examiner de près leur psychologie : les médecins ont eu une trop grande tendance à classer les *femmes troublées* parmi les hystériques — ce qui revient à dire qu'on peut attendre d'elles toutes sortes de bizarreries et ne dit pas autre chose ; les historiens, depuis Renan, traitent ces sujets en évoquant des images équivoques (1).

J'ai dit au chapitre III qu'il faut rapprocher la voie mystique du délire chronique à évolution systématique. Lorsque la femme atteint rapidement la vie spiri-

(1) Il est assez difficile, par exemple, de savoir exactement ce que Renan appelle l'amour de Marie de Magdala pour Jésus : il fait reposer sur cet amour toute la primitive histoire chrétienne. « Jésus, dit-il, a été *charmant,* seulement son charme ne fut connu que d'une douzaine de personnes. *Celles-ci raffolèrent de lui...* Le monde a adoré celui qu'elles ont tant aimé. » (*Histoire d'Israël*, t. v, p. 418.)

tuelle, sans avoir épuisé ses forces physiques, elle possède une puissance de volonté vraiment extraordinaire, qui l'éloigne singulièrement des hystériques de nos hospices. Elle arrive à vaincre parfois des obstacles extraordinaires et à soumettre tout le monde à ses désirs. A. Thierry nous a raconté l'histoire d'une patricienne célèbre, Mélanie, qui a joué un grand rôle au ive siècle. A l'âge de 23 ans elle avait perdu son mari et deux enfants ; elle remercie Dieu de l'avoir ainsi délivrée de tant de liens ; quelque temps après elle disparaît laissant son fils, âgé de cinq ans, à la garde du préteur urbain (1). Publicola devint un personnage important, tandis que Mélanie courait les monastères ; les docteurs déclarèrent que ses succès étaient la récompense de la conduite de sa mère. Plus tard, cette vieille hallucinée revint en Italie pour briser la famille de ses petits-enfants ; elle entendait « museler les bêtes féroces » et empêcher sa petite fille de coucher avec son mari ! Elle parvint à obtenir des malheureux le vœu de continence, mais ne parvint pas à les séparer.

A. Thierry ne peut s'empêcher de juger sévèrement ces pratiques (2) : « Tels étaient, dit-il, les égarements impies où le mysticisme entraînait des esprits orgueilleux ou faibles et parfois aussi de beaux génies et de grands cœurs, » et ailleurs : « un esprit de vertige précipitait la société romaine vers l'abîme. »

Les *troubles* des femmes *pieuses* étaient si étranges que le public ne parvenait à se les expliquer que par

____

(1) A. Thierry, *Saint Jérôme*, p. 37. Saint Jérôme trouve qu'elle a réalisé la vraie noblesse.

(2) A. Thierry, *Saint Jérôme*, p. 378. Saint Paulin de Nole reçut Mélanie comme une triomphatrice.

des agitations amoureuses ou par des causes magiques. Saint Jérôme fut accusé d'avoir eu avec son amie Paula des rapports qui n'avaient rien de métaphysique ; c'était, sans doute, une calomnie, car saint Jérôme parle des désordres de ses contemporains en homme qui a été toujours chaste.

Lorsque Blésille, fille de sainte Paula, mourut à vingt ans, le peuple s'insurgea contre les moines que l'on rendait responsables de cette mort attribuée à de trop grandes austérités. M. Boissier trouve extraordinaire qu'il y ait eu une émeute à Rome à ce sujet ; la conduite du peuple me semble assez raisonnable et elle prouve que, même à cette date, on n'admettait pas que le repos des familles romaines fût troublé par l'intervention de mystagogues. L'idée que le peuple se faisait des influences des magiciens, n'était que trop fondée sur l'expérience : bien des fois on avait vu des femmes perdre la tête à la suite de pratiques empruntées aux cultes orientaux. L'observation montre que durant la période des tourments la femme mystique est dans un état de crise, qui la rend susceptible d'obéir aux suggestions les plus perfides.

L'immoralité des magiciens est bien connue. Josèphe nous a raconté une mésaventure qui survint sous Tibère à une dame riche et noble, dévote d'Isis ; elle se laissa conduire la nuit au temple où le dieu Anubis la faisait demander; le lendemain elle raconta les faveurs dont elle avait été l'objet ; mais un jeune chevalier, qui avait été le héros de cette comédie, lui avoua sa supercherie ; l'empereur fit détruire le sanctuaire, jeter la statue au Tibre, et crucifier les prêtres (*Antiquités*, l. xviii, III, 4). Ici nous avons, sous sa forme la plus simple, la *succubation magique* ; mais l'expérience nous apprend que la *femme troublée* ne fait pas grande différence entre le dieu et son prêtre ; elle se sent attirée vers le magicien et aspire au *coït sacerdotal* avec une véritable fureur, comme à un honneur suprême.

L'expérience montre que ce phénomène n'est que l'exagération d'un autre beaucoup plus général. Presque tous les apôtres de réformes humanitaires exercent sur la femme le même ascendant : la *femme troublée*, dans son besoin extravagant de sacrifice, désire s'abandonner à celui qui lui paraît destiné à sauver les hommes de la misère. Les gens auxquels on donne le nom d'apôtre, sont extrêmement dangereux ; ils ont, d'ailleurs, comme les magiciens, une si haute idée de leur valeur sacrée qu'ils manquent ordinairement de tout scrupule dans leurs rapports avec les femmes : les jeunes filles qui se laissent enrôler sont des victimes désignées ; elles succomberont le jour où l'apôtre les verra en proie à une légère crise. Ces faits sont trop connus pour qu'il soit utile d'insister.

L'Eglise n'ignore pas les grands dangers qui résultent d'une trop intime fréquentation de la femme et du prêtre ; les théologiens semblent avoir fondé une grande partie de leurs théories morales sur la connaissance qu'ils avaient des troubles féminins et on sait que le *Décret* a enregistré les opinions les plus défavorables à la femme qu'il ait trouvées chez les anciens Pères (1). Chose étrange, les docteurs ecclésiastiques

---

(1) Je ne sais sur quelle autorité on a été, si souvent, jusqu'à imprimer que le concile de Mâcon eut quelque peine à reconnaître aux femmes une âme humaine. A ce concile

n'ont pas vu que ce danger est d'autant plus grand que les prêtres apparaîtront revêtus d'un pouvoir plus surhumain. L'Eglise trouve intérêt à entourer ses ministres d'une auréole surnaturelle (1), elle gagne ainsi en force dans le monde ; mais elle ne comprend pas que cette autorité est la cause de tant de chutes qui la désolent ; et elle n'imagine pour les éviter que d'exagérer la vie ascétique et par suite le caractère surhumain de ses clercs.

De nos jours on a voulu émanciper la femme du joug de l'Eglise, en lui donnant une instruction plus complète ; mais beaucoup de saintes avaient été des savantes ; P. Gide observe (2) que saint Jérôme a adressé à des femmes la moitié de ses lettres théologiques. Il est vrai qu'il s'agirait de développer l'instruction scientifique et l'on compte que les contradictions qui existent entre la science et la religion, peuvent éloigner la femme du catholicisme. Contrairement à ce que pensait Taine (3), je ne crois pas que ces contradictions aient une réelle efficacité sur les hommes.

On manque encore de faits bien probants pour juger ce que pourra donner la nouvelle éducation. Nous

un évêque soutint seulement que le terme *homo* dans la Bible latine s'entend uniquement du mâle et non du genre homme : on lui fit voir que cela était impossible ; on lui fit notamment remarquer que Jésus, né d'une vierge et sans père naturel, est appelé *fils de l'homme*. (Grégoire de Tours, *Histoire des Francs*, livre VIII, 20.)

(1) Taine, *Le régime moderne*, t. II, pp. 95, 99 et pp. 130-132.

(2) Gide, *La condition privée de la femme*, p. 177.

(3) Taine, *Le régime moderne*, t. II, pp. 139-143.

savons seulement qu'à Rome les idées magiques n'ont
pas eu de plus forts partisans que les femmes à l'époque où elles ont été très libres, c'est-à-dire quand elles
ont été peu occupées des besognes familiales. Il est
facile de voir que les nouvelles dévotions catholiques
n'ont pas un très grand succès dans les milieux où les
femmes consacrent leur temps aux soins de la maison.
Il est donc permis de se demander si on a pris la
bonne voie pour combattre l'influence cléricale et si en
modelant l'éducation des filles sur celle des garçons
(qui est déjà si détestable pour ceux-ci) on n'a pas
préparé les conditions qui rendront la femme plus
esclave du prêtre que jamais.

P *page 95*

Dans toute l'histoire du IVe siècle on rencontre des
tumultes où sont mêlés des moines ; je ne crois pas que
l'on ait suffisamment cherché quelles lumières une étude
des origines du monachisme pourrait jeter sur les
origines de la conquête chrétienne. Le monachisme
n'est pas une institution simple, que l'on puisse ramener à un type unique ; presque tous les auteurs en ont
parlé en confondant des éléments très différents les
uns des autres. Il est inutile de nous occuper ici des
ascètes qui devraient, eux-mêmes, être classés en plusieurs genres. Je laisse aussi de côté les couvents des
moines travailleurs, qui me semblent avoir été des
asiles contre l'oppression du régime corporatif : il y a
eu une époque où ils ont été très prospères en
Egypte (1).

(1) Montalembert (*Les moines d'Occident*, t. I, p. 71) parle

Les moines qui intéressent l'histoire, sont ces personnages vagabonds et bruyants, qui ressemblent tant à ceux que l'on rencontre dans toutes les révolutions italiennes et qui en Espagne jouèrent un si grand rôle dans les luttes contre Napoléon et plus tard contre les libéraux. Pour comprendre leur importance il est nécessaire de se rendre compte de ce que sont les *mafiosi* siciliens.

On croit, assez généralement en France, que la *mafia* est une association de malfaiteurs ; il n'y a rien de plus faux. Les *mafiosi* sont des gens qui prétendent faire valoir ce qu'ils regardent comme leurs droits, suivant les règles du point d'honneur primitif, c'est-à-dire sans tenir compte des lois ; étant donnée la faible moralité du paysan sicilien, le brigandage n'est pas toujours bien loin de la révolte contre la tyrannie; d'ailleurs tous les primitifs ont une grande admiration pour le brigand. Les *mafiosi* trouvent des protecteurs dans toutes les classes de la société, parce qu'ils savent rendre des services et qu'ils mettent le point d'honneur fort au-dessus des règles morales (1). Les grands pro-

d'un couvent où il y avait 10.000 moines près de Suez. La décadence des monastères orientaux tient, probablement, à une modification dans les conditions du travail urbain ; il a suffi qu'il devînt moins oppressif pour que les asiles monastiques fussent moins fréquentés. La concurrence que les moines faisaient au travail urbain devrait être prise en sérieuse considération par les auteurs qui prétendent que l'Eglise a fait quelque chose pour les travailleurs.

(1) Le type du *mafioso* classique s'est développé en Sicile ; mais le *bandit corse* ne s'en éloigne guère ; c'est presque toujours un homme valant plus que la moyenne, mais

priétaires, qui peuvent s'arranger pour avoir à leur solde des *mafiosi* illustres, ont leurs propriétés bien gardées et sont aussi libres que pouvaient l'être les barons féodaux entourés de leurs hommes d'armes.

Beaucoup de moines du IVe siècle (comme les capucins guerriers des temps modernes) étaient des *mafiosi* qui s'agrégeaient à des monastères pour trouver plus d'indépendance vis-à-vis de l'autorité et avoir plus de prestige auprès des masses. La grande question dans les hérésies orientales était d'avoir les moines pour soi ; ils formaient souvent une milice sacrée, devant laquelle le pouvoir civil était obligé de reculer. Liés par le point d'honneur, les moines ne reculaient jamais que pour reprendre rapidement l'offensive. Dans les pays où l'autorité civile n'osait pas démolir les temples païens, ou même protégeait les partisans des anciens cultes, les moines formèrent souvent des colonnes mobiles pour procéder aux exécutions et rien ne pouvait les arrêter. On a attribué à l'influence monacale la rapide conversion des paysans en Orient (1) ; l'explication me semble très vraisemblable ; mais je crois aussi qu'il faut comparer souvent leurs procédés à ceux qu'employait Louvois.

En Italie, le gouvernement est souvent obligé de s'entendre avec les chefs des *mafiosi*, pour assurer l'ordre ; ceux-ci interviennent dans toutes les affaires et se font les arbitres officieux dans bien des conflits graves. Je crois que les historiens catholiques n'ont

ayant été obligé, par point d'honneur, à commettre un crime.

(1) P. Allard, *Le paganisme au milieu du* IVe *siècle,* pp. 50-51.

14.

pas assez tenu compte de ce fait quand ils ont rencontré des actes d'audace des moines. Quand après l'émeute de 387 le légat impérial arrive à Antioche, avec la mission de punir duremement la ville, il est harangué par le moine Macedonius et il l'écoute avec une patience que M. Puech trouve (1) caractéristique du temps ; sans doute, elle est remarquable, mais il faut voir là autre chose qu'un sentiment de respect pour le caractère religieux du moine. Le légat connaissait l'esprit versatile de l'empereur Théodose (2) et savait qu'il était dangereux de susciter de nouveaux troubles en bravant un chef de *mafiosi*.

Quand on réfléchit au grand rôle que jouaient les *mafiosi* chrétiens du ɪᴠᵉ siècle, on comprend l'entêtement que montraient certains évêques, dans leurs conflits avec l'autorité civile ; s'ils avaient eu la moindre faiblesse, ils auraient perdu leur prestige sur leurs troupes volontaires. Il est très possible que cette considération ait tenu une certaine place dans l'esprit de saint Ambroise, quand il eut des démêlés avec l'empereur Théodose.

Les moines semblent être très souvent intervenus pour empêcher l'action de la justice ; en rapprochant les lois de 390 et de 392 (*Code Théodosien*, livre XVI,

(1) Puech, *Saint Jean Chrysostome et les mœurs de son temps*, p. 257.

(2) Les conservateurs italiens agissent souvent comme Théodose ; ils répriment brutalement des mouvements populaires, font condamner d'une manière féroce des prétendus chefs de complot, puis accordent l'amnistie et finissent par voter avec les *subversifs* quand ils croient y avoir intérêt.

titre III, l. 1 et l. 2) on voit qu'à la première date les
moines avaient été expulsés des villes à cause de leurs
séditions contre la police judiciaire. Nous savons par
l'expérience de la Sicile (1) que l'appât d'une très
petite solde suffit pour attirer dans un mouvement
révolutionnaire des masses de paysans à la suite de
mafiosi illustres. Il semble reconnu dans ce pays,
comme une vérité indiscutable, que pas une révolution
ne peut s'y faire sans l'aide de la *mafia* ; c'est à l'inac-
tion des *mafiosi* que l'on attribue l'échec du mouvement des *fasci* en 1893 (2).

Dans les villes la *mafia* comprend, tout naturellement, beaucoup de gens appartenant aux professions
plus ou moins mal famées ; nous savons que tout ce personnel turbulent des grandes métropoles antiques
fut bien souvent enrôlé par les moines. Je crois que
de très bonne heure le christianisme avait pénétré
dans la *mafia* et que cette conquête doit être prise en
très sérieuse considération par ceux qui étudient les
origines de l'Eglise. La singulière comparaison que
Tertullien établit entre les martyrs et les gladiateurs,
serait inintelligible si les martyrs (en Afrique du moins)
n'avaient eu souvent un point d'honneur tout à fait
analogue à celui du gladiateur et n'avaient appartenu
en grande partie, comme ceux-ci, à la *mafia*. E. Havet
a fait remarquer (3) que les martyrs sont générale-

<hr>

(1) A. Cutrera, *La mafia e i mafiosi*, p. 166.

(2) A. Cutrera, *op. cit.*, p. 169. D'après l'auteur, qui est
employé de la Sûreté Publique, Bosco Garibaldi aurait
vainement essayé de décider les chefs de la *mafia* à prendre
part au mouvement populaire de 1893.

(3) E. Havet, *Le christianisme et ses origines*, t. IV,
pp. 457-458.

ment des pauvres et il a relevé (1) dans les lettres de
saint Cyprien des allusions à des *confesseurs* d'une
moralité douteuse, qui auraient pu prendre place
parmi les *mafiosi* de Palerme. Les bravades de certains
martyrs, la destruction des idoles (qui embarrassèrent
parfois tant les évêques), l'intolérence d'énergiques
confesseurs (qui reprochent à la bourgeoisie paisible
des actes de soumission en temps de danger) tout
cela s'explique très facilement quand on prend en considération le point d'honneur des *mafiosi*.

Les classes que dirigent les *mafiosi* se divisent
facilement en factions et dans plus d'un cas les émeutes
contre les chrétiens peuvent avoir été occasionnées
par des querelles existant entre *mafiosi* païens et
chrétiens. On se rendrait ainsi compte de la violence
de certaines manifestations — qui ont lieu souvent au
théâtre (2) — et des embarras dans lesquels se trouvaient les magistrats romains. L'époque où la nouvelle
religion eut pour elle une fraction notable de la *mafia*
me semble être caractéristique dans l'histoire.

(1) E. Havet, *op. cit.*, t. IV, p. 477.

(2) La claque des théâtres est encore à Palerme dirigée
par des *mafiosi* (Cutrera, *op. cit.*, p. 54) et cela a toujours
été; on comprend ainsi comment les courses donnaient lieu
à tant d'émeutes. D'après saint Jean Chrysostome l'émeute
de 387 à Antioche aurait été conduite par des claqueurs du
cirque; M. Puech nous apprend que parfois « à la passion
des courses de chevaux on mêlait des passions religieuses. » (*Op. cit.*, pp. 273-274).

ÉGLISE, ÉVANGILE ET SOCIALISME (1)

Dans le numéro de janvier 1899 de la *Rivista internazionale di scienze sociali e discipline ausiliarie*, le professeur Talamo, examinant les nouvelles tendances socialistes, a cherché à démontrer que le socialisme ne pourrait réaliser ses aspirations qu'en se rattachant aux principes de la morale chrétienne.

Je crois bien que, le plus souvent, les écrivains socialistes n'ont pas apprécié avec assez d'impartialité le rôle historique du christianisme : l'adaptation des idées juives à la culture gréco-romaine, qu'il a opérée, n'a pas été d'une petite importance dans le monde. Il a créé des institutions qui sont la manifestation sensible des protestations des anciens prophètes hébreux contre la hiérarchie et la propriété — des colonies où des frères, dépourvus de propriété individuelle, mènent une vie ascétique ; il a ainsi démontré, par des faits, qu'il y a dans la vie humaine autre chose que le droit fondé sur l'économie et mis en évidence trois notions

(1) Cet appendice est un remaniement d'un article publié dans *Rivista critica del socialismo* en réponse à un article de M. Talamo. Ce professeur et M. Taniolo (de Pise) sont les plus distingués représentants du catholicisme social en Italie.

qui ont joué un grand rôle dans le monde moderne : la dignité de la pureté, la valeur infinie de l'homme et le sacrifice fondé sur l'amour.

La Bible a été l'élément fécondant de ce qu'on appelle la culture chrétienne ; les idées juives ont encore une grande importance aujourd'hui ; c'est la Bible qui inspire à la grande masse des ouvriers anglais la conception d'une vie conforme à la justice et qui leur fait regarder comme un devoir de travailler à amener la réalisation de cet idéal. Plusieurs chefs des mineurs sont des prédicateurs libres (1), qui interprètent la Bible dans un sens conforme à leurs préoccupations prolétariennes. Je sais bien que beaucoup de personnes considèrent les trade-unionistes anglais comme des réactionnaires ; mais le socialisme de ces ouvriers est plus sérieux que celui de beaucoup de docteurs.

Renan a souvent parlé avec éloquence de cet esprit juif : « Israël, dit-il (2), ne fondera jamais l'Etat, ni la philosophie ; il n'aura jamais une littérature profane développée ; et cependant sa part est immense. Il a fondé la protestation du pauvre, la réclamation de justice et d'égalité, la *fraternité dans la confrérie* (3). La Grèce a dressé le cadre éternel de la civilisation. Israël y apportera une addition, une correction capitale, le souci du faible, la réclamation obstinée pour

(1) De Rousiers, *Le trade-unionisme en Angleterre*, p. 32.

(2) Renan, *Histoire d'Israël*, tome III, p. 251.

(3) C'est justement cette *fraternité dans la confrérie* que le christianisme a eu le mérite de développer, mais en la combinant avec la *soumission à la hiérarchie*, qui est juste son contraire.

la justice individuelle. Nos civilisations aryennes, fondées sur l'immortalité de l'âme et le sacrifice de l'individu, sont trop cruelles... Jérémie a raison à sa manière ;... la société qu'il conçoit n'est pas viable ; mais il ajoute un facteur essentiel à l'œuvre humaine. »

La pensée juive, conservée par le christianisme, donne une force irrésistible au grand mouvement de protestation que le socialisme conduit contre la société moderne ; les catholiques concluent de là qu'il faut revenir à l'Eglise ; mais alors pourquoi ne pas revenir à la Synagogue ? Pourquoi, pour fuir la hiérarchie civile, se précipiter sous les pieds de la hiérarchie ecclésiastique ? De ce que le droit romain et l'enseignement classique ont une grande place dans la civilisation contemporaine, allons-nous en conclure qu'il faut restaurer le culte de Rome et d'Auguste ou rétablir les mœurs antiques ? Aujourd'hui la pensée juive est tombée dans le domaine commun.

*
* *

Les docteurs catholiques prétendent qu'il n'est point possible de fonder le droit naturel en dehors de l'idée de Dieu ; cela importe assez peu, parce que personne ne croit plus au droit naturel. Les systèmes de morale importent beaucoup au contraire ; ils peuvent être ramenés à trois types, que nous examinerons dans leurs manifestations les plus caractéristiques.

1º On trouve chez les primitifs une sorte de code pénal : l'homme est averti qu'il s'exposerait aux plus grands dangers, s'il violait les règles et toute la tribu est persuadée qu'elle serait elle-même menacée, si elle ne se purifiait et ne châtiait le coupable. A cette morale de la terreur s'ajoute, plus tard, une morale de l'intérêt (1) : des profits sont assurés à ceux qui suivront certains préceptes. Sous sa forme la plus grossière ce système se manifeste dans les *tabous* des sauvages ; mais il finit par s'épurer et il aboutit à une conception largement utilitaire, soutenue par l'approbation et le blâme des bons citoyens ; c'est à peu près à ce terme qu'arrive la morale grecque classique.

2º Le deuxième moment est celui de la *sainteté* ; pour devenir saint il faut d'abord être un *fidèle*, être le disciple du maître ; il faut imiter la vie du maître sans s'arrêter aux dangers que l'on peut courir et sans espérer aucune récompense. En réalité, le premier moment ne disparaît pas facilement, même dans les religions les plus spiritualisées. M. Talamo dit que la charité chrétienne « ennoblit le bienfaiteur, parce qu'il ne cherche pas une récompense, ne considère pas l'avantage qui pourrait résulter pour lui de son acte ; mais les yeux uniquement fixés sur Dieu, il s'attache à observer ses commandements, à imiter sa providence, à attendre de lui le développement de cette perfection finale et de cette félicité auxquelles tend irrésistiblement l'âme humaine. » (*Art. cité*, p. 11.)

3º Nous trouvons enfin la *morale de l'autonomie* dans laquelle notre conscience devient, pour nous-mêmes, un

(1) En général les bénédictions sont postérieures aux malédictions, la considération des choses pures à celles des choses impures, l'attente du profit à la crainte du dommage.

juge sévère et éveillé ; nous cherchons à construire de hautes idéalités pour juger non seulement nos actes, mais encore nos intentions les plus secrètes. Il n'y a plus de juge extérieur, plus de maître à imiter : on peut dire que Dieu est vraiment descendu dans nos cœurs (1) ; nous protestons contre le mal parce qu'il nous fait horreur ; nous crions bien haut ce que nous croyons être la vérité, parce que nous sommes les *fidèles de notre propre foi*, et parce que nous jugeons cette vérité digne de l'humanité. Cette morale a trouvé son expression la plus complète dans le kantisme.

C'est seulement pour des hommes ayant atteint ce genre de conception morale que l'on peut parler de *pleine liberté* et dire avec M. Talamo : « Les libertés économiques, civiles, politiques, ne sont que des mots, de pures illusions, sans l'entière liberté intérieure, qui est la liberté morale » (p. 14). Mais est-ce que l'Eglise n'a pas, sur cette question, subi l'influence des penseurs laïques ? M. Thamin fait très justement observer que l'idée de la *grâce*, qui a tant occupé le xviie siècle, est devenue tout à fait secondaire dans le catholicisme moderne (2) : « On fait, même en théologie, des économies de surnaturel. » Toute la vieille casuistique, fondée sur l'assimilation de la morale à une jurisprudence civile, est laissée de côté par les théologiens actuels et on voit, à la manière

____

(1) M. Thamin dit de même : « Le devoir est devenu Dieu » *(Saint Ambroise et la morale chrétienne,* p. 293); « Nous obéissons au devoir comme à un dieu » (p. 479).

(2) Thamin, *Saint Ambroise,* p. 449.

dont ils parlent des *Provinciales*, qu'ils ne comprennent plus bien les théories anciennes. N'est-ce pas une chose curieuse que l'*équiprobabilisme* de saint Alphonse de Liguori soit contemporain de l'*Emile* ? Or ce maître de la nouvelle casuistique fait à la conscience une très grande place. Enfin tous les catholiques sont pleins aujourd'hui des souvenirs de Kant (1).

*
* *

Il faut reconnaître que toutes les discussions des métaphysiciens sur la morale ne peuvent aboutir à engendrer l'action, parce qu'elles ne mettent pas en jeu les sentiments ; on ne saurait trouver ainsi que des lois formelles. M. Talamo a raison quand il affirme que le christianisme a apporté quelque chose de nouveau. Pour Aristote, qui ne se préoccupe pas de chercher les principes abstraits de la morale, celle-ci fait partie de la politique ; il s'agit d'expliquer, à des jeunes citoyens d'une république grecque la manière la plus convenable de vivre pour obtenir la considération et l'affection des hommes sérieux, des amis du bien public. Tout autre fut la question qui se posa après la ruine des Cités, quand l'idée du bien public eut disparu ; les philosophes créèrent des théories, mais

(1) M. Thamin ne paraît pas douter que ce soit « l'enseignement de Kant qui nous a rendus si scrupuleux qu'il ne nous suffise plus qu'une action soit bonne et qu'il nous faille encore que dans l'intention qui la dicte, aucune pensee d'intérêt ne soit mêlée » (*Saint Ambroise*, p. 226).

elles n'avaient pas d'efficacité. Le christianisme inventa un puissant moyen de détermination.

« Toute la morale chrétienne, dit M. Talamo, se résume dans le devoir d'aimer Dieu et d'aimer le prochain comme nous-mêmes, en Dieu et pour Dieu. » *(Art. cté*, p. 7.) — « Le précepte n'était pas nouveau ; un esprit nouveau le rend vivant... Jésus a laissé en chacun de nous une marque de lui-même et il fait de sa personne et de tous les hommes une seule personne morale » (p. 9).

Il ne s'agit pas ici d'un vague précepte d'altruisme, mais d'une vraie discipline de l'amour dans ce qu'il a de plus réel. Le fidèle arrive à développer dans son cœur, à un degré extraordinaire, l'amour pour Jésus, qu'il conçoit comme un être sensible semblable à lui, ayant une humanité identique à la sienne ; pour plaire à celui qu'il aime, il consent à se priver et à souffrir en faveur des pauvres que Jésus a aimés d'un amour infini ; cette privation et cette souffrance lui semblent bonnes. Ce processus de la vie religieuse est exactement celui qu'on pourrait observer dans la vie sexuelle ; la grande découverte du christianisme a été de trouver le moyen d'utiliser des *facteurs de l'érotisme détournés vers la mystique.*

Mais si l'on approfondit la question et si l'on examine toute l'étendue des processus mystiques, on voit que les pratiques qui servent à produire ce *détournement* et à exciter les facultés d'amour, ne sont pas sans danger ; tous les docteurs catholiques l'ont reconnu depuis très longtemps. J'ai eu l'occasion aussi de faire voir que la mystique ne peut donner de solutions générales. N'y a-t-il pas moyen de tirer parti de la découverte du christianisme d'une autre manière ? Si vraiment les influences sexuelles jouent un si grand rôle dans notre vie morale, la solution ne serait-elle pas d'employer l'amour normal à développer en nous les sentiments de délicatesse et de bienveillance ? Ne pourrions-nous pas trouver chez la femme une éducatrice qui nous apprendrait à voir des frères dans les déshérités ?

S'il en est ainsi, le problème de la réforme morale de l'homme devient le problème de la femme ; c'est vers une amélioration des rapports sexuels que doit se porter toute l'attention du moraliste et nous arrivons à comprendre combien avait raison Engels quand il a jugé nécessaire de compléter le système primitif de Marx par une théorie de la famille (1).

Sur la charité, socialistes et catholiques n'arriveront jamais à s'entendre : « Cette aumône, dit M. Talamo, que les socialistes assimilent à une injure faite par celui qui donne et considèrent comme un avilissement de celui qui reçoit, est une des formes de cette réciprocité dans la charité sans laquelle la société humaine ne saurait être solide, ni prospérer. » (*Art. cité.*,

(1) M. Fouillée accepte l'interprétation que j'ai donnée dans l'*Ethique du socialisme (Morale sociale* par plusieurs auteurs, Alcan, éditeur, pp. 138-140) ; cf. *Revue des Deux Mondes*, 1ᵉʳ août 1900, p. 495. En Allemagne on a contesté l'importance de l'addition faite par Engels aux théories marxistes ; je crois que Cunow a été malheureux dans sa critique et n'a pas compris la portée de la question.

p. 21.) J'ai déjà dit plus haut qu'il y a dans le monde autre chose que des rapports de production ; Aristote, qui écrivait pour les citoyens de petites républiques, entre lesquels existait une grande égalité, affirmait que l'amitié (ou la bienveillance) doit régner entre les hommes et compléter le régime juridique ; mais il y a loin de cette bienveillance antique à la charité chrétienne.

1° Presque tous les gouvernements despotiques de décadence, embarrassés pour maintenir l'ordre dans le *lumpen-prolétariat* des grandes métropoles, ont imaginé de faire des distributions de secours aux pauvres ; ils dépouillaient les travailleurs des régions soumises pour nourrir les *affamés (limourgoi)* des centres turbulents. C'est ce régime que M. Gasquet appelle le socialisme d'Etat des empereurs (1) : « On doit se représenter, dit-il, le prolétariat des grandes villes presque entièrement entretenu aux frais du trésor, déshabitué du travail, récréé dans les théâtres ; ...on n'a rien trouvé de mieux pour engourdir ses fureurs et ses goûts d'émeute. »

Le christianisme n'a pas changé grand'chose au système impérial ; la théorie change, mais l'effet reste le même. Il fait une obligation aux riches de donner ou de mettre l'Eglise en état de donner, sans se préoccuper des conséquences sociales de l'aumône ; M. Puech observe (2) que la conception de la charité chez saint Jean Chrysostome est *mystique* et fort éloignée

(1) Gasquet, *Essai sur le culte et les mystères de Mithra*, pp. 4-5.

(2) Puech, *Saint Jean Chrysostome et les mœurs de son temps*, pp. 191-192.

de la nôtre : il s'agit surtout de sanctifier celui qui donne.

Les docteurs chrétiens raisonnent à peu près comme le Polynésien qui dort au pied de son arbre à pain et qui s'imagine que ses moyens d'existence dépendent de la bonne humeur des esprits auxquels il offre des sacrifices ; la sanctification des riches chrétiens par l'aumône entretiendra *surnaturellement* la production de leurs richesses et leur permettra de donner tous les jours davantage. L'idée d'une plus grande équité à introduire dans les rapports de production échappe à l'Eglise ; une justice commutative plus exacte ne peut sortir de la loi d'amour ! Tout pauvre est une image du Christ ; peu importe donc de savoir à qui on donne ; l'essentiel est de donner avec un cœur aimant, avec l'intention de plaire à Jésus ; on donne à ceux que l'on a sous la main et l'on arrive ainsi à reconstituer des plèbes privilégiées, des armées de *mendiants valides* qui encombrent les grandes villes et que les païens appellent les *trafiquants du Christ* (1).

2º Dans notre siècle, les idées de charité chrétienne sont fort peu en faveur ; on a une conception tout autre des devoirs de solidarité : on pense qu'il faut *aider à travailler* ceux qui n'ont pas de travail et assister les invalides d'une manière administrative. De toutes parts nous voyons des associations chré-

(1) Puech, *Saint Jean Chrysostome, etc.*, p. 87. Le même auteur observe que la charité augmentait le nombre des pauvres et que parmi eux se glissaient de nombreux malfaiteurs (p. 65). Dans une homélie sur saint Mathieu (LXVI) saint Jean évalue au dixième de la population d'Antioche le nombre des pauvres (p. 50).

tiennes s'établir suivant les nouveaux principes ; mais, comme le dit M. Thamin (1), ce sont des « œuvres d'hygiène et de prévoyance sociales autant que de charité » et l'*amour des pauvres* n'y apparaît plus comme dans l'ancien christianisme. Il y a là une véritable révolution et beaucoup de personnes se demandent si ces créations ne sont pas de nature à éteindre l'esprit catholique. Il ne s'agit plus de l'amour pour Jésus, ni d'une humiliation salutaire, ni d'une privation subie par esprit de pénitence ; il s'agit de la philanthropie, de la *solidarité bourgeoise*.

Sans doute cette manière d'aider par le travail a toujours existé ; les communautés israélites l'ont pratiquée de longue date ; mais elle n'a pris toute son importance que durant le XIXᵉ siècle.

3° D'autres tendances viennent encore s'ajouter à la précédente, sous l'influence du mouvement socialiste ; dans une société de producteurs les pauvres sont surtout regardés par les travailleurs comme des *compagnons :* l'idée chrétienne de *fidèle* et l'idée bourgeoise d'*homme abstrait* tendent à s'effacer devant l'idée plus concrète et plus féconde qui se rattache au travail. Le pauvre est d'abord un membre d'un certain Métier, qui se trouve en chômage et auquel les camarades chercheront de l'occupation, mais qui, de son côté, contracte vis-à-vis d'eux l'obligation de ne pas violer les règles de la bonne entente en acceptant de l'ouvrage mal payé. De tous les côtés les syndicats ouvriers commencent à se préoccuper d'organiser des services de mutualité destinés à remplacer les an-

____

(1) Thamin, *Saint Ambroise*, p. 460.

ciens compagnonnages qui disparaissent. L'assistance publique restera comme un moyen de secourir ceux qui, par leur maladie ou leur âge, se trouvent être en dehors de tout Métier (1).

*
* *

M. Talamo vante beaucoup les établissements d'assistance créés jadis par l'Eglise ; il faut reconnaître qu'elle a rendu de grands services à des époques lointaines, alors qu'on n'aurait pu trouver en dehors d'elle des administrateurs capables ; on peut même ajouter que la plupart des anciens établissements hospitaliers n'auraient pas été créés si les hommes n'avaient été autrefois persuadés que la charité et la discipline chrétiennes peuvent résoudre le problème de la défense sociale contre les êtres dangereux (malades atteints de maladies contagieuses, vagabonds, enfants abandonnés, aliénés). Mais il faut aussi se rappeler que l'histoire de presque toutes ces maisons est navrante et que de réels progrès n'ont été réalisés dans leur tenue que depuis le jour où elles sont passées sous le contrôle de l'autorité civile (2).

(1) Même dans l'examen des règles à suivre pour les *asiles d'Etat*, la considération du travail tiendra une large place : ainsi l'ivrogne, étant un homme qui se met en dehors de la société de producteurs, qui abdique sa volonté de travailleur, devient un déchu qui tombe sous la tutelle publique : la question est de savoir cependant si cette tutelle ne serait pas mieux exercée par des groupes de travailleurs que par l'Etat.

(2) Pendant longtemps ces maisons ressemblaient à de

Les philosophes du xviiie siècle, en vulgarisant les idées de fraternité et d'égalité entre tous les hommes, avaient conscience qu'ils se mettaient en opposition avec l'Eglise qui limite la fraternité aux seuls baptisés. Mais cette contradiction dans l'ordre des concepts se traduisit dans la réalité des faits par une extension des institutions destinées aux incapables et aux dangereux. L'Etat fut considéré comme une espèce d'Eglise laïque devant se substituer à l'ancienne, pour rendre des services plus larges et plus réguliers.

A l'heure actuelle les penseurs ne considèrent plus la question au même point de vue que nos pères ; l'idée de l'Eglise laïque s'est à peu près complètement évanouie ; les hospices et asiles de toutes sortes nous semblent appartenir au même ordre d'institutions que les écoles primaires : l'enseignement élémentaire n'est pas un don que l'on fait aux pauvres, c'est une obligation qu'on leur impose pour la défense de l'avenir. Aujourd'hui il paraît tout naturel que tous ces établis-

véritables prisons et leur discipline était très dure. Les enfants abandonnés étaient notamment si mal soignés qu'on se demande si on n'était pas enchanté de se débarrasser d'eux ; l'idée que des fils de gueux sont un embarras parce qu'ils ne feront que des vauriens marqués d'infamie était très forte jadis. Le christianisme a eu cette singulière conception que les droits de l'enfant naturel sont d'autant moindres que sa naissance est due à un péché plus grave. (P. Gide, *La condition privée de la femme*, pp. 583-584.) Cette doctrine était de nature à faire peser sur l'enfant abandonné une suspicion lourde, créant pour lui une véritable *diminution de tête* ; P. Gide observe qu'elle est contraire à un principe de Papinien.

sements soient gérés de la même manière, par des employés de l'Etat ; il serait tout à fait étrange de parler de *charité* en matière d'enseignement ou d'asile d'aliénés et la philanthropie n'est pas non plus à invoquer en ces matières.

La transformation ne s'est pas faite sans luttes et on sait que de sottises ont été débitées sur la laïcisation ; aujourd'hui les maisons ecclésiastiques qui subsistent, ont dû changer leurs procédés ; la concurrence a produit des effets inattendus : les religieuses qui étaient insupportables pour les malades, sont beaucoup plus calmes ; les Frères de la Doctrine chrétienne ont abandonné, en grande partie, leurs supplices barbares (1). Quand on compare les maisons d'Etat et celles d'Eglise, il ne faut pas (comme font presque toujours les catholiques) prendre pour types de ces dernières quelques établissements exceptionnels, qui sont gérés par des groupes ayant encore le premier enthousiasme ; il faut considérer ceux qui sont déjà anciens et dans lesquels on peut observer à l'état normal l'administration ecclésiastique ; la comparaison faite dans ces conditions est, généralement, peu favorable à l'Eglise.

Dans ce développement de la laïcisation, les institu-

(1) Daudet dans *Numa Roumestan* raconte un de ces supplices : « Quand il fallait balayer à coups de langue les carreaux fraîchement mouillés, la poussière devenue boue et souillant mettait à vif le palais tendre des coupables » (chap. IV). J'ai entendu rapporter des faits beaucoup plus scandaleux (relatifs à des écoles orientales, ces fameuses écoles pour lesquelles on a eu l'impudence d'accorder un grand prix à l'Exposition de 1900) ; mais le français ne brave pas l'honnêteté comme le latin.

tions qui n'étaient pas strictement ecclésiastiques, ont échappé, les unes après les autres, à l'Eglise et cela d'une manière définitive ; il faut se demander ce qui appartient vraiment à l'Eglise.

*
* *

1º Il y a d'abord dans l'Eglise des pratiques qui se rattachent aux civilisations primitives et qui ont appartenu jadis à ce qu'on appelle, plus ou moins exactement, la magie. Dans tous les pays barbares, des hommes supérieurs, soit par leur naissance, soit par une initiation spéciale, ont des rapports intimes avec les esprits et sont chargés de purifier soit les individus, soit la tribu. Quand ce système se régularise, on arrive à concevoir que chacun de nous a un compte magique de doit et avoir (1) ; on a été amené à chercher les moyens d'accroître le *crédit* au moyen de rites ne coûtant par beaucoup d'efforts et de diminuer le *débit* au moyen de la casuistique. Ce vieux bagage n'est pas sans gêner beaucoup la théologie catholique ; elle a remplacé ces échanges commerciaux par des combinaisons empruntées au droit civil ; mais aujourd'hui elle s'efforce (par un approfondissement du principe évangélique) de faire une place tout à fait prépondérante à la sanctification par l'humi-

(1) « L'idée d'une sorte de compte ouvert entre Dieu et l'homme, d'un registre en partie double de préceptes et de péchés, d'expiations, de châtiments rachetables, est la plus fausse qui se puisse imaginer. » (Renan, *Histoire d'Israël*, tome IV, p. 322.)

lité (1), ce qui revient à supposer que l'expiation a lieu en dehors de toute mesure et semble être une synthèse de l'idée précédente avec l'idée magique.

2° L'Eglise possède un corps de saints, qui, désespérés de ne pouvoir corriger le monde, se retirent dans la solitude ; c'est pour eux qu'ont été écrits la grande majorité des préceptes évangéliques. Saint Jean Chrysostome pensait (2) que tout chrétien aurait dû vivre comme un moine, étant seulement dispensé de la loi du célibat ; mais il n'y avait pas d'esprit plus chimérique que lui ; la division en peuple, clergé et moines est fondamentale dans l'histoire du christianisme (3).

3° L'Eglise est un corps intermédiaire entre le monde et les saints ; elle absorbe ceux-ci et établit leur réconciliation avec la société, en vue de fins surnaturelles ; elle dirige les premiers dans la voie qui lui paraît la meilleure pour la communauté ; elle gouverne

(1) Cette conception est aussi ancienne que le christianisme ; mais l'idée de la théologie juridique a été très prépondérante dans le Moyen-Age et on en rattache généralement l'origine à l'influence du droit romain. (Taine, *Le Régime moderne*, t. II, pp. 120-122, citant Sumner Maine.)

(2) Puech, *Saint Jean Chrysostome et les mœurs de son temps*, p. 262.

(3) Il va sans dire que les moines ne peuvent, dans les grands couvents, suivre que très imparfaitement les règles de sainteté ; ce fut là une des causes des querelles franciscaines ; mais il n'en est pas moins certain que cette division tripartite est très marquée même encore aujourd'hui, bien que la vie des clercs séculiers soit devenue beaucoup plus monacale et que les réguliers se mêlent beaucoup au monde.

celle-ci pour qu'elle engendre toujours des saints ; elle
fait que les mortifications et les prières des saints
servent au salut de tous. Pour réaliser cette mission
surnaturelle, il lui faut une grande liberté : il lui faut
de grands biens échappant au contrôle de l'Etat ; elle
doit instruire la jeunesse et surveiller les mœurs de
tous ; elle a besoin de pouvoir exercer une police sur
les doctrines pour *protéger les âmes faibles*. Toute
la théorie que les théologiens donnent de l'Eglise,
est fondée sur cette *solidarité* des hommes pour
le salut commun.

Il y a dans le christianisme trois règles bien distinctes de conduite : une règle ascétique réalisée par les
saints, c'est celle que l'Eglise propose comme idéal à
ses membres et qu'elle cherche à réaliser, aussi complètement que possible, dans les ordres monastiques ;
une règle servant aux relations du corps ecclésiastique
avec le monde, et ici tout est subordonné à l'*excellence
des fins* que l'on se propose de faire atteindre aux
hommes, *parfois malgré eux* ; une règle mondaine,
qui peut être parfois très relâchée en même temps que
la première devient extrêmement dure. La solidarité
des baptisés permet une infinité de *compensations*.

Où trouver place pour un véritable système de droit ?
Cela est impossible ; aussi M. Thamin a t-il raison de
dire que (1) « le christianisme laissa péricliter la
notion de droit et tout ce qui en dépendait ». Chez les
Pères de l'Eglise on n'entend parler que de devoirs ;
personne n'a plus de droits (2). L'autorité pourra être

(1) Thamin, *Saint Ambroise*, p. 274.
(2) Thamin, *Saint Ambroise*, p. 285. Puech, *Saint Jean*

bienveillante, elle sera toujours absolue : si le catholicisme a abouti au dogme de l'infaillibilité pontificale, ce n'est point par une évolution des idées, mais par un dégagement de principes essentiels, longtemps dissimulés dans des survivances étrangères : les ultramontains ont raison quand ils affirment que la dictature des chefs de l'Eglise remonte aux origines de son histoire.

*
* *

Mais (1), dit-on, l'Evangile n'est-il donc rien en dehors de l'Eglise ? Le protestantisme n'existe-t-il pas en dehors de la corporation que gouverne le pontife romain ? Je ne conteste pas l'importance du protestantisme dans le monde moderne ; je crois même que les pays protestants sont mieux préparés que les pays catholiques à entendre le socialisme et à se débarrasser des vieux préjugés sur les révolutions classiques. Le protestantisme est, à mes yeux, beaucoup moins intéressant comme manifestation chrétienne que comme *Renaissance biblique* (2) : tous les réformés des xvi[e]

Chrysostome et les mœurs de son temps, p. 68. Il est assez remarquable que les positivistes, eux aussi comme les Pères de l'Eglise, pénétrés de l'importance de la *vraie doctrine* dans l'histoire, aient repris le vieux thème des *devoirs*, alors que toute la pensée moderne est fondée sur les *droits* : aucun devoir qui ne soit une manière d'affirmer un droit. (Cf Hegel, *Philosophie de l'esprit*, trad. franç., t. ii, pp. 262-264.)

(1) Ce paragraphe a été ajouté à l'article primitif.

(2) « La Réforme du xvi° siècle doit être considérée comme

et xviiᵉ siècles lisaient plus l'Ancien que le Nouveau Testament. La Bible a une grande valeur sociale, parce qu'elle est le *livre d'une démocratie paysanne* : les travailleurs des champs revendiquent la justice contre les gens de la ville, les magistrats et les prêtres qui les oppriment.

La Bible est un livre écrit pour des travailleurs ; les Juifs ont plus qu'aucun peuple admiré le travail et ils sont, encore aujourd'hui, d'excellents ouvriers dans les pays méridionaux. Il est utile de remarquer que saint Paul, suivant en cela la tradition rabbinique, gagnait sa vie comme tailleur, tandis que les autres apôtres inauguraient l'apostolat professionnel, — et que la plupart des docteurs talmudistes furent des travailleurs manuels (1).

L'Evangile, au contraire, semble avoir été écrit pour des mendiants. « Regardez, dit Jésus, les oiseaux du ciel ; ils ne sèment, ni ne moissonnent ; et votre Père céleste les nourrit... Ne vous inquiétez donc point et ne dites point : que mangerons-nous ? que boirons-nous ? de quoi serons-nous vêtus ? Car toutes ces choses, ce sont les païens qui les recherchent. » (*Saint Mathieu*, vi, 25-32). Les moines mendiants voulurent appliquer ce précepte à la lettre ; mais la doctrine chrétienne en a toujours été pénétrée ; elle a toujours pris pour base

une recrudescence de l'esprit hébreu, produite par la lecture de la Bible. C'est la dernière poussée de l'esprit dont l'école d'Isaïe fut la plus haute et la plus claire manifestation. » (Renan, *Histoire d'Israël*, t. ii, p. 503.)

(1) Cette dernière observation est faite par M. Schwab dans l'introduction à la traduction française du *Talmud de Jérusalem* (p. xxi).

la notion d'une *consommation sans production par le travail* : la richésse est due au hasard ; de là ne peut sortir aucun droit ; il faut veiller à ce que la consommation soit faite d'une manière vertueuse ; c'est cette fin vertueuse qui légitime la possession (1) d'après une thèse célèbre de saint Augustin (Lettre cliii). Les riches n'ont pas de droits, les pauvres n'en ont pas davantage ; le christianisme s'est trouvé finalement avoir travaillé en faveur des riches contre lesquels ses orateurs ont tant déclamé : « Faisant aimer aux pauvres leur pauvreté, dit M. Thamin (2), aux humbles leur humilité, il préparait pour ceux qui veulent avoir leur royaume ici-bas, des sujets dociles et des victimes volontaires ».

Le véritable chrétien ne connaît dans la société civile que les rapports sentimentaux de riche à pauvre ; il reste étranger aux rapports de production et n'aboutit qu'à concevoir une économie absurde dans le genre de celle de saint Jean Chrysostome, qui aurait réduit tout le monde à la mendicité, sans se soucier de savoir qui aurait nourri sa société de mendiants (3).

(1) Thamin, *Saint Ambroise*, p. 290.

(2) Thamin, *Saint Ambroise*, p. 284. M. Puech s'élève fortement contre l'opinion d'A. Thierry qui avait comparé saint Jean Chrysostome aux Gracques *(Saint Jean Chrysostome et les mœurs de son temps*, p. 89); ceux-ci avaient poursuivi une réforme sociale fort étrangère aux procucépations du premier.

(3) Puech, *Saint Jean Chrysostome et les mœurs de son temps*, pp. 72-73, et p. 192. Il dit que les théories de saint Jean auraient tué « dans leur germe presque tous les genres de commerce et d'industrie » (p. 62).

Sur cette infrastructure économique l'Eglise a élevé une superstructure juridico-politique qui lui est merveilleusement adaptée ; puisque tout dérive du hasard et de la bonne volonté dans l'économie, tout sera livré à l'autorité des sages dans le droit et la politique. Le droit canon semble avoir été tout entier construit pour donner à la hiérarchie des moyens de décider — en exprimant ses décisions en langue juridique — tout ce qu'elle jugera utile à son gouvernement. Si l'infaillibilité pontificale ne va pas jusqu'aux questions scientifiques, c'est que depuis des siècles l'Eglise s'est trouvé avoir accepté la philosophie péripatéticienne et qu'ainsi elle ne peut pas admettre la valeur de l'autorité dans la science ; sur tout le reste (foi et mœurs) le pontife décide souverainement. Tout cela est parfaitement coordonné avec la base économique.

Que l'on examine, sous n'importe quel aspect, l'enseignement chrétien (en laissant de côté la dogmatique), on n'y trouvera rien de plus que les trois principes de la vie évangélique que j'ai énoncés en commençant : dignité de la pureté, valeur infinie de l'homme et sacrifice fondé sur l'amour. Je ne saurais contester leur importance pour l'éducation des caractères ; mais leur efficacité est strictement limitée à la formation de certains individus ; on peut en effet contester que leur efficacité soit générale ; mais en tout cas, ils ne sauraient jeter aucune lumière sur les relations que les hommes entretiennent dans une société de producteurs. Je ne saurais donc accorder à M. Thamin que (1) « le christianisme a une morale sociale » ; l'an-

(1) Thamin, *Saint Ambroise*, p. 291.

tiquité en avait une, parce que pour elle l'homme est toujours celui qui se mêle à la vie publique ; mais l'Evangile est écrit pour l'homme purifié, pour l'anachorète, pour le saint ; et il ne peut rien nous apprendre sur ce qu'il faut faire dans la société civile moderne ; quand le théologien s'occupe d'économie, il est obligé d'emprunter ses doctrines aux écoles laïques ou bien il parle comme ferait un rêveur (1).

Le socialisme revient vers la pensée antique ; mais le guerrier de la Cité est devenu l'ouvrier de la grande industrie ; les armes ont été remplacées par les machines. Le socialisme est une philosophie de producteurs ; que pourrait lui apprendre l'Evangile qui s'adresse à des mendiants ? (2)

(1) Voir dans le *Devenir social* une critique du livre du P. Antoine (S. J.), *Cours d'économie sociale*, octobre 1896, pp. 828-843 ; ma conclusion était celle-ci : « L'Evangile ne fournit aucune lumière sur les problèmes sociaux ; le pape et les docteurs catholiques sont obligés d'avoir recours aux considérations profanes sur le droit naturel. »

(2) Plusieurs des idées indiquées dans cet appendice et surtout dans le dernier § ont été plus amplement développées dans un article sur l'*Église et l'État*, publié dans la *Revue socialiste* et, dont la librairie Jacques a fait un tirage à part.

CONCLUSIONS

Je voudrais poser maintenant quelques brèves conclusions ou mieux soumettre au lecteur quelques observations qui me semblent avoir un réel intérêt au point de vue du mouvement social contemporain. Je ne crois guère aux lois que fabriquent les professionnels de la sociologie ; mais, comme je l'ai dit dans l'introduction, Marx a toujours profité de ses études historiques pour présenter des réflexions qu'il est bon d'avoir présentes à l'esprit quand on parle des luttes modernes. Dans la mesure de mes forces, je voudrais suivre son exemple.

Il faut, tout d'abord, observer que la ruine du monde païen est une véritable culbute idéologique, telle que nous n'en trouvons aucune autre semblable dans le cours de l'histoire connue. Notre Révolution est loin d'avoir été une simple bataille d'Idées ; elle a été surtout, comme tant d'auteurs l'ont dit, une grande mutation de la propriété, c'est-à-dire qu'elle a été une révolution juridique ayant pour résultat de décharger la propriété jadis accablée et d'en mieux asseoir la distribution entre les exploitants ; — mais elle n'a pu

réussir que grâce à des conditions économiques favorables ; l'agronomie était alors en voie de rapide pro-
gression dans toute l'Europe ; la grande justification
que l'on a toujours donnée en faveur de la Révolution,
a été le merveilleux progrès matériel accompli en
France en moins d'un demi-siècle ; — enfin elle a été
une prodigieuse épopée militaire et les guerres de
conquête n'ont pas été sans exercer une influence considérable sur l'économie du pays, sans compter qu'elles
ont contribué à permettre la réorganisation d'une administration plus régulière et mieux disciplinée que
celle de l'ancienne France.

Napoléon fut vraiment le dieu de cette période : il
força tout le monde, même l'Eglise, à accepter le nouvel état agraire, l'immense liquidation des vieux droits ;
— il donna satisfaction aux intérêts économiques par
une excellente gestion; — et il fut un héros incompa-
rable à la guerre.

Le rôle des idéalistes avait été assez superficiel
durant la première partie de la Révolution ; ils avaient
plutôt discouru qu'ils n'avaient agi ; ils se retirèrent
très vite de l'action pratique. De 1800 à 1830 les idéalistes agissants sont les royalistes qui ruminent des
théories sur la légitimité ; rentrés en 1815 ils font
sottise sur sottise et en 1830 le pays leur signifie un
congé définitif. Napoléon, qui si souvent a exprimé
l'opinion commune des gens de son temps avec bruta-
lité, détestait les idéologues ; le pays était trop occupé
de tirer les conséquences de la Révolution pour se
laisser beaucoup entraîner à la suite des théoriciens.
Aussi il me semble qu'il est vraiment absurde d'écrire
une histoire de la Révolution (comme on le faisait jadis)

en mettant au premier plan les constitutions politiques, alors que cette histoire est surtout économique et militaire.

La ruine du monde païen est infiniment plus simple et nous permet de bien mieux suivre les conséquences des idéologies.

La première observation que l'on ne peut manquer de faire est relative à l'impuissance des Idées ; les idéalistes se flattent de changer le monde en propageant des *convictions* ; ils ne parviennent pas à changer les mœurs des individus. A la longue il se produit une transformation, mais grâce à des médiations, quand les institutions se modifient, quand des conditions économiques nouvelles se produisent. L'appauvrissement de l'Empire a amené de nouvelles manières de vivre, qui ont rendu impossible la conservation des anciennes mœurs romaines.

J'ai été toujours très frappé de la férocité des révolutions idéalistes ; la Terreur en France a été l'œuvre de théoriciens obstinés et elle a failli faire sombrer l'œuvre économico-juridique ; à la Restauration retour offensif de nouveaux idéalistes et persécutions auxquelles le pays ne comprend rien ; les légitimistes lui apparaissent comme des fous furieux. L'Eglise a persécuté avec une ténacité et une habileté surprenantes ; mais n'est-elle pas le modèle de tous les gouvernements idéalistes ? Pour assurer le bonheur du peuple (et leur pouvoir) nos modernes saint-simoniens ne se montreraient, sans doute, pas inférieurs aux évêques du vᵉ siècle. Ce n'est pas la première fois que j'appelle l'attention sur le caractère sanglant qu'aurait une révolution conduite par des intellectuels affamés de vengeance et de domination. Je crois qu'une révolution ouvrière, conduite suivant les idées marxistes, résultant de l'action du prolétariat organisé, aura de grandes chances de se produire sans Terreur et sans proscriptions. Ce caractère pacifique n'est, sans doute, qu'une hypothèse ; mais la férocité des idéalistes est une certitude.

La ruine du monde païen s'est produite en causant une perte effroyable de forces ; je comprends la fureur qui a souvent saisi les historiens qui réfléchissaient à la destruction d'une civilisation si merveilleuse. Fallait-il donc que tant d'efforts accumulés fussent anéantis, que le monde rétrogradât jusqu'à la barbarie des Peaux-Rouges, qu'un régime de « la plus crapuleuse paresse » (1) fût imposé au monde comme solution du problème du travail ? Et tout cela pour forcer l'humanité à retrouver son chemin, en luttant contre des maîtres temporels stupides et des maîtres spirituels souvent hallucinés et toujours inexorables !

Au XVIIIe siècle on n'a pas vu se reproduire de pareils maux ; le *ricorso* ne s'est pas reparcouru en entier : alors comme aux origines chrétiennes, les idéologues travaillèrent à ruiner tous les rapports sociaux ; ils appliquèrent, encore une fois, une logique sèche et fausse à la dissolution des notions qui ne peuvent s'exprimer que par des mythes ; ils préparèrent, ainsi dans la mesure de leurs forces, la mort de la société et l'anarchie. Au IVe siècle il n'y eut rien qui arrêtât le mouvement ; il put se produire dans toute son ampleur : le monde se trouva obligé de reconstruire les

____

(1) *Manifeste communiste*, p. 24.

notions sociales en parcourant le processus des temps primitifs, le processus de la guerre *barbare*.

Les Germains ne détruisirent pas l'Empire; le christianisme n'avait pas laissé grand'chose à détruire; mais ils restaurèrent la société en apportant leurs rapports de fidélité et de compagnonnage, sur lesquels devait s'élever l'édifice nouveau. En France la guerre intervint autrement; la Révolution prit vite un caractère guerrier ; la Convention dut conquérir le pays et la lutte avec l'étranger eut de telles proportions que l'armée devint la grande institution du pays : dès 1795, la Révolution n'est plus dans les villes, elle est dans les camps; si la bourgeoisie avait été livrée à elle même, elle eût dès lors fait (ou laissé faire) la Restauration.

Les idéologues n'avaient pu opérer leur travail de *dissociation et de résolution* que sur une petite échelle quand la Révolution éclata; le retour à la barbarie put être ainsi évité ; mais les conséquences de cette nouvelle recrudescence de la guerre se font encore ressentir aujourd'hui; nous sommes beaucoup moins *policés* que n'étaient nos pères, et notre armée est infiniment plus *barbare* que n'était l'armée royale. Nous avons dû subir, dans une certaine mesure, un Moyen-Age ; nous n'en sommes pas encore sortis ; c'est seulement en 1870 que l'Allemagne a été en état d'entrer dans la voie vraiment moderne.

Il y a une autre différence encore à signaler entre la ruine du monde païen et la Révolution française. La dissociation anarchique ne peut s'opérer d'une manière un peu étendue sans qu'il y ait un transfert des notions sociales transformées sur quelque nouvelle institution. Jadis l'Eglise recueillit tout ce que perdait la Cité antique ; au xviiie siècle, beaucoup d'idéologues croyaient que l'Eglise et l'Etat auraient à subir la direction de corps savants (dont ils faisaient partie) ; A. Comte, qui ramassait des idées partout où il en rencontrait, n'a pas manqué d'adopter cette conception, sans s'apercevoir que vingt ans de guerre avaient beaucoup changé la face du monde depuis les anciennes académies. Durant la Révolution, l'armée hérita de tout ce que perdirent l'Eglise et l'ancien Etat ; une idée nouvelle de la Cité, ayant de fortes analogies avec celle de l'antiquité, prit naissance et le patriotisme devint une force d'une importance jusque-là insoupçonnée. La Démocratie vit encore sur cette tradition.

Aujourd'hui les notions anciennes sont de nouveau attaquées, mais dans un esprit tout nouveau ; on ne se propose plus une critique destructive, ne pouvant mener qu'à l'anarchie ; *on combat en édifiant ;* c'est ce qui caractérise le socialisme contemporain. Le prolétariat ne veut retomber sous un joug quelconque ; il méprise les sèches théories de la logique révolutionnaire bourgeoise ; il construit son propre corps et il s'élève ainsi contre l'ancienne organisation des classes. C'est parce qu'il a fait, *tout seul,* des créations qui lui sont propres, dans ses Métiers, qu'il peut essayer de dissoudre les forces de l'Etat, en transférant à ses Unions tout ce qu'elles peuvent porter d'administration publique. C'est en suivant cette tactique qu'il n'est pas exposé à retomber sous un joug étranger (1).

(1) Voir ma brochure *Avenir socialiste des Syndicats* (Jacques, éditeur).

Depuis que le prolétariat est devenu fort, les idéologues le flattent et cherchent à l'enrégimenter. Les hommes d'Eglise font une critique amère de l'organisation capitaliste ; ils montrent (avec une logique qui rappelle celle des anciens docteurs chrétiens ou celle des philosophes du xviiie siècle) qu'elle est pleine de vices ; leur travail de dissociation a pour but d'arriver aux mêmes résultats que celui des Pères de l'Eglise ; on opérerait un transfert du patronat à l'Eglise, comme jadis on en a opéré un de l'Etat à l'Eglise. Comme au ive siècle, celle-ci ne demande pas à diriger directement les intérêts temporels ; elle préfère avoir un contrôle, qui laisserait aux patrons contrôlés toute responsabilité et toute peine pour trouver des solutions pratiques.

Les nouveaux saint-simoniens raisonnent comme les hommes d'Eglise ; leurs procédés de critique sont tout aussi abstraits et le résultat tout aussi faux ; leurs tendances sont si ecclésiastiques qu'ils peuvent aller dans les congrès cléricaux sans les déparer. Ils veulent, eux aussi, opérer un transfert, mais vers l'Etat : quelques-uns se contentant d'un contrôle, les autres voulant une administration complète. On ne voit pas très bien ce que gagneraient les ouvriers à cet échange et peut-être même la solution saint-simonienne serait-elle plus mauvaise que l'autre : dans une société où coexisteraient l'Etat, l'Eglise et les patrons, il y aurait quelque chance de trouver des joints pour n'être pas complètement écrasés, en toute circonstance ; mais que ferait-on quand l'Etat serait tout seul, absolu au temporel et au spirituel, plus absolu que le pape, puisqu'il aurait pour repré-

sentants les *hommes de la science* » ? « L'oppression
exercée au nom d'un principe spirituel, dit Renan (1),
est la plus dure ; le tyran laïque se contente de l'hommage du corps ; la communauté qui a la force d'imposer ses idées, est le pire des fléaux. »

Qu'on ne vienne pas nous parler de formes démocratiques ; les formes sont bien peu de chose ; c'est le
contenu qu'il importe de connaître.

Et dans ce monde économique, continuellement bouleversé par des découvertes imprévues, dans lequel les
Idées sont d'autant plus faibles que nos connaissances
s'étendent et que l'industrie se développe, ce n'est pas
avec des arguties sur la souveraineté que l'on fera
marcher les ateliers. La révolution idéaliste se traduirait, encore une fois, par d'immenses destructions de
forces, car nos abstracteurs de quintessence sont aussi
incapables de diriger la grande production que les
Barbares étaient incapables d'utiliser la civilisation
gréco-romaine. Heureusement que les travailleurs se
souviendront des préceptes de l'Internationale et ne laisseront facilement imposer *ni socialisme d'Eglise, ni
socialisme d'Etat.*

(1) Renan, *Histoire d'Israël*, t. II, p. 541. — « Mieux vaut
le soldat que le prêtre, car le soldat n'a aucune prétention
métaphysique » (p. 501).

TABLE

Pages

NOTES